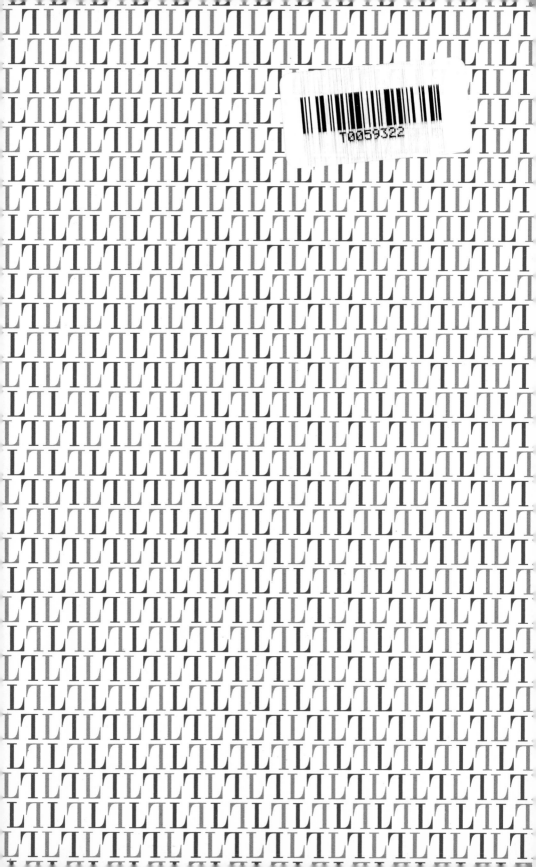

El consentimiento

El consentimiento

Vanessa Springora

Traducción del francés de
Noemí Sobregués

Lumen

narrativa

Título original: *Le consentement*

Primera edición: septiembre de 2020

© 2020, Éditions Grasset & Fasquelle
© 2020, Penguin Random House Grupo Editorial, S. A. U.
Travessera de Gràcia, 47-49. 08021 Barcelona
© 2020, Noemí Sobregués Arias, por la traducción

Printed in Spain – Impreso en España

ISBN: 978-84-264-0927-0
Depósito legal: B-8136-2020

Compuesto en M. I. Maquetación, S. L.
Impreso en Egedsa (Sabadell, Barcelona)

H409270

Penguin
Random House
Grupo Editorial

Para Benjamin
y por Raoul

Prólogo

Los cuentos infantiles son una fuente de sabiduría. Si no, ¿por qué pasarían de una época a otra? Cenicienta intentará marcharse del baile antes de la medianoche; Caperucita Roja desconfiará del lobo y de su voz cautivadora; la Bella Durmiente evitará acercar el dedo a ese huso que la atrae de forma irresistible; Blancanieves se mantendrá alejada de los cazadores y en ningún caso morderá la manzana, tan roja y apetitosa, que el destino le tiende…

Advertencias que cualquier joven haría bien en seguir al pie de la letra.

Uno de los primeros libros que tuve fue una antología de cuentos de los hermanos Grimm. Lo leí hasta la saciedad, al punto de que las costuras se deshilachaban bajo la gruesa cubierta de cartón, y las páginas acabaron desprendiéndose una a una. Perderlo me provocó un dolor inconsolable. Aunque aquellos maravillosos cuentos me hablaban de leyendas eternas, los libros no eran más que objetos mortales, destinados a perecer.

Antes incluso de saber leer y escribir, me fabricaba libros con todo lo que caía en mis manos: periódicos, revistas, cartón, cinta adhesiva y cordel. Lo más sólidos posible. Primero el objeto. El interés por el contenido llegaría después.

Hoy los observo con desconfianza. Entre ellos y yo se ha alzado una pared de vidrio. Sé que pueden ser venenosos. Sé que lo que encierran en sí puede ser tóxico.

Llevo muchos años dando vueltas en mi jaula, albergando sueños de asesinato y venganza. Hasta el día en que la solución se presenta ante mis ojos como una evidencia: atrapar al cazador en su propia trampa, encerrarlo en un libro.

1

La niña

Nuestra sabiduría empieza donde termina la del autor. Nos gustaría que nos diera respuestas, cuando lo único que puede hacer es darnos deseos.

MARCEL PROUST, *Sobre la lectura*

Estoy en los albores de mi vida, virgen de toda experiencia, me llamo V., y a mis cinco años espero el amor.

Los padres son una muralla para sus hijas. El mío solo es una corriente de aire. Más que una presencia física, recuerdo el aroma a vetiver que impregna el cuarto de baño por la mañana; objetos masculinos aquí y allá; una corbata; un reloj de pulsera; una camisa; un mechero Dupont; una manera de sujetar el cigarrillo, entre el índice y el corazón, bastante lejos del filtro; una forma de hablar siempre irónica, tanto que nunca sé si bromea o no. Se marcha temprano y vuelve tarde. Es un hombre ocupado. Y también muy elegante. Sus actividades profesionales cambian demasiado deprisa para que llegue a entender en qué consisten. En la escuela, cuando me preguntan por su profesión, soy incapaz de contestar, aunque obviamente, dado que el mundo exterior lo atrae más que la vida doméstica, es una persona importante. Al menos es lo que imagino. Sus trajes siempre están impecables.

Mi madre me concibió a la temprana edad de veinte años. Es guapa, con el pelo de un rubio escandinavo, la cara dulce, los ojos azul claro, una figura esbelta con curvas femeninas y una bonita voz. Mi adoración por ella no tiene límites. Es mi sol y mi alegría.

Mis padres hacen buena pareja, mi abuela suele repetirlo aludiendo a sus físicos de cine. Deberíamos ser felices, pero los recuerdos de nuestra vida en común, en el piso en el que vivo brevemente la ilusión de una familia unida, son una auténtica pesadilla.

Por las noches, escondida debajo de las mantas, oigo a mi padre gritar y llamar a mi madre «guarra» o «puta» sin entender el motivo. A la menor ocasión, por un detalle, una mirada o una simple palabra «fuera de lugar», le da un ataque de celos. En cuestión de segundos las paredes empiezan a temblar, los platos vuelan y oigo portazos. Es un maníaco obsesivo que no tolera que movamos un objeto sin su consentimiento. Un día casi estrangula a mi madre porque ha derramado un vaso de vino en un mantel blanco que acaba de regalarle. La frecuencia de estas escenas no tarda en acelerarse. Es una máquina desencadenada y ya nadie puede detenerla. Ahora mis padres se pasan horas lanzándose a la cara los peores insultos. Hasta muy tarde, cuando mi madre viene a refugiarse a mi habitación y solloza en silencio, acurrucada contra mí en mi pequeña cama infantil, y luego se dirige sola a la cama de matrimonio. Al día siguiente vuelvo a ver a mi padre durmiendo en el sofá del salón.

Mi madre ha agotado todos sus cartuchos contra esa rabia incontenible y esos caprichos de niño mimado. Para la locura de este hombre, del que dicen que tiene carácter, no hay remedio. Su matrimonio es una guerra sin fin, una carnicería cuyo origen todo el mundo ha olvidado. El conflicto se resolverá pronto unilateralmente. Es solo cuestión de semanas.

Sin embargo, esos dos deben de haberse querido alguna vez. Su sexualidad, al fondo de un pasillo interminable, oculta por la puerta de un dormitorio, me parece un punto ciego en el que acecha un monstruo, omnipresente (los ataques de celos de mi padre lo demuestran a diario) pero absolutamente incomprensible (no recuerdo el más mínimo abrazo, el más mínimo beso o el más ínfimo gesto de ternura entre mis padres).

Lo que ya en este momento busco por encima de todo, sin saberlo, es descifrar el misterio que logra reunir a dos personas detrás de la puerta cerrada de un dormitorio, lo que sucede entre ellos. Como en los cuentos infantiles, en los que lo maravilloso irrumpe de repente en lo real, en mi imaginación la sexualidad es un proceso mágico del que nacen milagrosamente los bebés y que puede surgir de forma inesperada en la vida diaria, en formas a menudo indescifrables. El contacto, tanto provocado como accidental, con esa fuerza enigmática suscita muy pronto en la niña que soy una curiosidad persistente, y aterrorizada.

En varias ocasiones me presento en la habitación de mis padres, en plena noche, y me quedo en el marco de la puerta llorando o quejándome de que me duele la barriga o la cabeza, probablemente con el objetivo inconsciente de interrumpir su retozo y pillarlos con la sábana hasta la barbilla y con expresión idiota, extrañamente culpable. De la imagen anterior, la de sus cuerpos entrelazados, no me ha quedado rastro. Como si se me hubiera borrado de la memoria.

La directora de la escuela llama un día a mis padres. Mi padre no va a verla. Es mi madre la que escucha, preocupada, el relato de mi vida diurna.

—Su hija se cae de sueño. Parece que no duerme por las noches. He tenido que pedir que le montaran un camastro al fondo de la clase. ¿Qué sucede? Me ha hablado de discusiones muy violentas entre su padre y usted por las noches. Además, una bedel me comentó que V. solía meterse en el baño de los niños a la hora del recreo. Le pregunté a V. qué estaba haciendo. Me contestó con toda naturalidad: «Es para ayudar a David a hacer pipí de pie. Le sujeto el pito». Acaban de circuncidar a David y debía de tener dificultades para... apuntar. No se preocupe, a los cinco años este tipo de juegos son muy normales. Solo quería que estuviera informada.

Un día, mi madre toma una decisión irrevocable. Aprovechando mi estancia en un campamento de verano, que planificó en secreto para llevar a cabo nuestra mudanza, deja a mi padre para siempre. Es el verano antes de empezar la primaria. Por las noches, una monitora, sentada en el borde de mi cama, me lee las cartas en las que mi madre me describe nuestro nuevo piso, mi nueva habitación, mi nueva escuela y mi nuevo barrio; en definitiva, la nueva disposición de la que será nuestra nueva vida cuando yo llegue a París. Desde lo más profundo del campo al que me ha mandado, entre los gritos de niños que se han asilvestrado en ausencia de sus padres, todo eso me parece muy abstracto. A la monitora se le humedecen muchas veces los ojos y se le quiebra la voz mientras me lee en voz alta esas cartas de mi madre falsamente alegres. Tras ese ritual nocturno, de vez en cuando sufro sonambulismo y me encuentran bajando la escalera de espaldas en dirección a la puerta de salida.

Libres del tirano doméstico, nuestra vida da un giro apasionante. Ahora vivimos en una buhardilla. Habitaciones de criada reformadas. En la mía apenas puedes ponerte de pie, pero hay rincones secretos por todas partes.

Ahora tengo seis años. Soy una niña estudiosa, buena alumna, obediente y sensata, un poco melancólica, como suelen ser los hijos de padres divorciados. No soy nada rebelde y huyo de toda transgresión. Buena soldado, mi misión principal consiste en llevar las mejores notas a mi madre, a quien sigo queriendo más que a nadie.

Por las noches, a veces toca todo Chopin al piano hasta altas horas. De vez en cuando bailamos hasta tarde con el volumen de los altavoces a tope. Los vecinos, furiosos, llegan pegando gritos porque la música está demasiado alta, pero nos da igual. Los fines de semana, mi madre toma su fantástico baño, con un Kir Royal en una mano y fumándose un JPS con la otra, con un cenicero en equilibrio en el borde de la bañera. Sus uñas rojas contrastan con su piel blanquecina y su pelo rubio platino.

A menudo deja la limpieza para el día siguiente.

Mi padre se las arregla para no pasar más la pensión alimenticia. Algunos finales de mes se complican. A pesar de que en nuestra casa se suceden las fiestas y de sus amores, siempre transitorios, mi madre resulta ser más solitaria de lo que yo habría creído. Cuando un día le pregunto por el lugar que ocupa en su vida uno de sus amantes, me contesta: «No voy a imponértelo ni a sustituir a tu padre». Ahora ella y yo somos una pareja muy unida. Ningún hombre volverá a inmiscuirse en nuestra vida privada.

En mi nueva escuela me he hecho inseparable de una niña, Asia. Juntas aprendemos a leer y a escribir, pero también a explorar el barrio, una zona muy bonita, con terrazas de cafeterías en cada esquina. Compartimos sobre todo una libertad atípica. A diferencia de la mayoría de nuestros compañeros, nadie nos vigila, en casa no hay dinero para canguros, ni siquiera por la noche. No son necesarios. Nuestras madres confían totalmente en nosotras. Somos irreprochables.

Cuando aún tengo solo siete años, me quedo una noche en casa de mi padre. Algo excepcional que no se repetirá. Además, después de que mi madre y yo nos marcháramos, mi habitación se convirtió en un despacho.

Me quedo dormida en el sofá. Y me despierto al amanecer en un lugar donde ahora me siento como una extraña. Como no tengo nada que hacer, me acerco a la biblioteca, clasificada y ordenada meticulosamente. Cojo dos o tres libros, al azar, vuelvo a dejarlos en su sitio con cuidado, echo un vistazo a una edición en miniatura del Corán en árabe, acaricio su minúscula cubierta de cuero rojo e intento descifrar esos signos incomprensibles. No es un juguete, por supuesto, pero lo parece. ¿Y con qué otra cosa podría divertirme si ya no queda ni un solo juego en la casa?

Una hora después, mi padre se levanta y entra en la habitación. Lo primero que hace es mirar alrededor, se planta frente a la biblioteca y se agacha para revisar todos los estantes. Se mueve como un demente. Y con la precisión maníaca de un inspector de Hacienda, exclama con expresión triunfal: «¡Has tocado este libro, y este, y este otro!». Ahora su atronadora voz resuena en toda la habitación. No lo entiendo. ¿Qué tiene de malo tocar un libro?

Lo más aterrador es que ha acertado. En los tres casos. Por suerte, aún no llego al último estante de la biblioteca, el de más arriba, que ha observado un buen rato y del que ha desviado la mirada tras lanzar un misterioso suspiro de alivio.

¿Qué diría si se hubiera dado cuenta de que el día anterior, buscando algo en un armario, entre una aspiradora y una fregona me topé con una mujer desnuda de tamaño natural, toda ella de látex, con espantosos orificios y pliegues a la altura de la boca y del sexo, con una sonrisa burlona y unos ojos apagados que se clavaron en mí? Otra imagen del infierno, que expulsé de mi cabeza en cuanto cerré la puerta del armario.

Después de las clases, Asia y yo solemos dar rodeos para retrasar el momento en que tendremos que separarnos. En un cruce, en una pequeña explanada a la que da un tramo de escalera, se reúnen grupitos de adolescentes a patinar, a deslizarse en monopatín o a fumarse un cigarrillo. Hemos convertido los escalones de piedra en nuestro puesto de observación para admirar las piruetas de esos chicos desgarbados y fanfarrones. Un miércoles por la tarde vamos también nosotras con patines. Nuestros inicios son inseguros y torpes. Los chicos se burlan un poco, pero luego se olvidan de Asia y de mí. Emocionadas por la velocidad y el miedo a no lograr frenar a tiempo, ya solo pensamos en el placer de deslizarnos. Todavía es temprano, pero como estamos en invierno ya ha anochecido. Cuando nos disponemos a volver a casa, aún con los patines puestos y con los zapatos en la mano, sin aliento pero contentas, aparece un hombre cubierto con un gran abrigo, se planta delante de nosotras y, con un amplio movimiento de brazos que le hace parecer un albatros, se abre de golpe el abrigo y nos deja pasmadas ante la grotesca visión de un sexo hinchado y tieso que asoma por la ranura de la cremallera del pantalón. Asia se levanta de golpe, entre el pánico y el ataque de risa, y yo hago lo mismo, pero, como hemos olvidado que llevábamos los patines puestos, perdemos el equilibrio y nos caemos al suelo. Cuando nos levantamos, el tipo ha desaparecido, como un fantasma.

Mi padre aparece brevemente en nuestra vida varias veces más. Al volver de no sé qué viaje al otro extremo del mundo, pasa por casa de mi madre para celebrar mi octavo cumpleaños y me trae el regalo más inesperado: la autocaravana de la Barbie con la que sueñan todas las niñas de mi edad. Me lanzo a sus brazos, agradecida, y me paso una hora desempaquetándola con el cuidado de un coleccionista y admirando su color amarillo plátano y sus muebles de color fucsia. Tiene más de una docena de accesorios, techo abatible, cocina plegable, una hamaca, una cama doble…

¿Doble? ¡Qué mala suerte! Mi muñeca favorita no tiene pareja, y aunque pueda estirar sus largas piernas desde la silla plegable y exclamar: «¡Qué buen día hace hoy!», va a aburrirse mortalmente. Ir de camping sola no es vida. De repente recuerdo un ejemplar masculino que lleva lustros metido en un cajón, porque hasta ahora no he jugado con él, un Ken pelirrojo de mandíbula cuadrada, una especie de leñador seguro de sí mismo, con camisa de cuadros, con el que Barbie se sentirá segura cuando acampe en plena naturaleza. Es de noche y hay que irse a dormir. Coloco a Ken y a su chica juntos en la cama, pero hace demasiado calor. Primero hay que quitarles la ropa, claro, y así estarán más cómodos con este bochorno. Barbie y Ken no tienen vello, ni sexo, ni pezones, qué raro, pero sus proporciones perfectas compensan ese pequeño defecto. He tapado sus cuerpos lisos y brillantes con la colcha. He dejado el techo abierto a la noche estrellada. Mi padre se levanta del sillón, dispuesto a marcharse, pasa por encima de la autocaravana mientras yo estoy guardando una cesta de pícnic en miniatura y se arrodilla para mirar por debajo del toldo. Esboza una sonrisa burlona y dice estas palabras obscenas: «Así que ¿follan?».

Ahora lo que adquiere color fucsia son mis mejillas, mi frente y mis manos. Algunas personas nunca entenderán nada del amor.

En esa época, mi madre trabaja en una pequeña editorial que ocupa la planta baja de nuestro edificio, a tres calles de la escuela. Cuando no vuelvo con Asia, suelo merendar en uno de los fabulosos rincones de esa guarida repleta de un sinfín de grapadoras, rollos de cinta adhesiva, resmas de papel, pósits, clips y bolígrafos de todos los colores, una auténtica cueva de Alí Babá. Y además hay cientos de libros, apilados de cualquier manera en estantes combados por el peso. Empaquetados en cajas de cartón. Expuestos en vitrinas. Fotografiados y colgados en las paredes. Mi zona de juegos es el reino de los libros.

En el patio, el ambiente siempre es alegre al final del día, sobre todo cuando vuelve el buen tiempo. La portera sale con una botella de champán en la mano, colocamos una mesa y sillas plegables, y escritores y periodistas pasan allí el rato hasta que llega la noche. Son todos cultos, brillantes, ingeniosos y a veces famosos. Un universo maravilloso, engalanado con todas las cualidades. En comparación, los trabajos de los demás, de los padres de mis amigos y de mis vecinos, me parecen aburridos y rutinarios.

Algún día yo también escribiré libros.

Después de la separación de mis padres, ya solo veo a mi padre de vez en cuando. En general, queda conmigo para cenar, en restaurantes siempre muy caros, como uno marroquí de cuestionable decoración en el que una mujer rolliza y con ropa muy provocativa aparece después de la cena para bailar su danza del vientre a unos centímetros de nosotros. Llega el momento en el que me muero de vergüenza: mi padre desliza un gran billete en la goma de las bragas o del sujetador de la hermosa Scheherezade con una mezcla de orgullo y lujuria en la mirada. No le importa que yo quiera que se me trague la tierra cuando la goma de las bragas de lentejuelas chasquea.

La danza del vientre es en el mejor de los casos, es decir, cuando se presenta a la cita. Dos de cada tres veces espero sentada en uno de esos restaurantes caros a que el señor se digne aparecer. A veces viene el camarero a decirme que mi «papá ha llamado diciendo que se retrasará media hora». Luego me trae un vaso de agua con sirope y me guiña el ojo desde el fondo de la sala. Una hora después aún no ha llegado mi padre. El camarero, consternado, me sirve la tercera granadina, intenta hacerme sonreír y se marcha murmurando: «¡Menudo desgraciado! ¡Hacer que una pobre cría esté aquí esperando a las diez de la noche!». Y entonces es a mí a quien el camarero desliza un billete, esta vez para pagar el taxi que me llevará a casa de mi madre, que evidentemente está furiosa, porque mi padre ha esperado al último minuto para avisarla de que ha sufrido un desafortunado percance.

Hasta el previsible día en que, presionado por una nueva amiga a la que también debo de parecerle un engorro, acaba por no volver a darme señales de vida. Sin duda desde esa época tengo un cariño especial a los camareros, con los que desde que era muy pequeña siempre me he sentido en familia.

Algunos niños pasan los días en los árboles. Yo los paso entre libros. Ahogo así la pena inconsolable que me ha dejado el abandono de mi padre. La pasión ocupa toda mi imaginación. Leo desde muy pequeña novelas de las que apenas entiendo nada, excepto que el amor duele. ¿Por qué queremos que nos devoren tan temprano?

Una noche de invierno, cuando tengo unos nueve años, me hago por fin una idea general de la sexualidad adulta. Estoy de vacaciones con mi madre en un pequeño hotel familiar en la montaña. Unos amigos ocupan las habitaciones contiguas. La nuestra está formada por una gran sala con forma de L, así que han podido colocarme una cama supletoria en la parte oculta, detrás de un estrecho tabique. Unos días después llega el amante de mi madre, sin que su mujer se entere. Es un hombre guapo, artista, que huele a tabaco de pipa y lleva chalecos y pajaritas a la moda del siglo pasado. Yo no le intereso. A menudo le incomoda encontrarme haciendo el pino delante de la tele los miércoles por la tarde, cuando se escabulle sin que lo vean sus empleados, viene a ver a mi madre una hora o dos y se encierra con ella en la habitación del fondo. Un día le comentó: «Tu hija no hace nada, podrías apuntarla a actividades en lugar de dejar que se vuelva tonta viendo idioteces toda la tarde».

Esta vez apareció a última hora de la tarde. Estoy acostumbrada a sus irrupciones intempestivas y ya no me molestan, pero no es el tipo de hombre al que imaginaba con esquís. Después de cenar me voy a la cama y dejo a los adultos con sus confusas conversaciones. Como siempre, leo varias páginas de un libro y me adormezco, con los músculos, doloridos por las agujetas, más ligeros que copos de nieve, flotando y deslizándome de nuevo en las pistas inmaculadas mientras el sueño se apodera de mí.

Me despiertan suspiros, roces de cuerpos y de sábanas, y luego susurros entre los que reconozco la voz de mi madre y, aterrorizada, la del hombre con bigote, más autoritaria. «Date la vuelta» es el único fragmento de frase que mi oído, de repente superdesarrollado, logra distinguir.

Podría taparme los oídos y toser un poco para que se dieran cuenta de que estoy despierta. Pero me quedo petrificada hasta que terminan, intentando ralentizar el ritmo de mi respiración y rezando para que desde el otro extremo de la habitación no se oigan mis latidos, sumida en una penumbra inquietante.

El verano siguiente voy de vacaciones a Bretaña, a casa de un compañero de clase que se convertirá en mi mejor amigo. Su prima, algo mayor, viene a pasar unos días con nosotros. Dormimos en una habitación con literas, cabañas y grutas secretas. En cuanto los adultos salen de la habitación, después del último beso de la noche, cuando apenas han cerrado la puerta, debajo de nuestras tiendas hechas con viejas mantas escocesas empiezan juegos inconfesables, aunque aún bastante castos. Hemos reunido varios objetos que nos parecen muy eróticos (plumas, trozos de terciopelo o raso arrancados de viejas muñecas, antifaces, cuerdas...), y mientras uno de nosotros acepta ser el prisionero, los otros dos se dedican a acariciar a la víctima indefensa, que permanece la mayoría de las veces con los ojos vendados y las muñecas atadas, con el camisón levantado o el pantalón de pijama bajado, con los diversos objetos que durante el día escondemos con cuidado debajo de los colchones. Este contacto maravilloso nos encanta, y a veces llegamos a posar furtivamente los labios, esta vez a través del filtro de un pañuelo, en un pezón o en un coño sin pelos.

Por la mañana no nos da vergüenza. El recuerdo de los placeres nocturnos se ha diluido en el sueño, nos peleamos como siempre y jugueteamos por el campo con el candor de siempre. Después de ver la película *Juegos prohibidos* en el Cinéclub, hacer cementerios de animales, como topos, pájaros e insectos, se convierte para nosotros en una actividad compulsiva. Eros y Tánatos, siempre.

Julien y yo, que vamos a la misma clase, prolongaremos estos juegos varios años, en su casa o en la mía. Durante el día, nos peleamos como si fuéramos hermanos. Por la noche, en la oscuridad del dormitorio, con los colchones en el suelo, nos acercamos como imantados, un hechizo que nos convierte en libertinos insaciables.

Por las noches, nuestros cuerpos tienden hacia el otro en busca de un placer que nunca queda satisfecho, pero la búsqueda en sí basta para repetir cada vez los mismos gestos a ciegas, en un principio infinitamente torpes y furtivos, y después, con el paso del tiempo, cada vez más precisos. Antiguos maestros en el arte de la contorsión, cuando se trata de inventar esta nueva gimnasia, nuestra imaginación no tiene límites. Nunca alcanzamos el paroxismo que intuitivamente deseamos, apenas conocemos nuestro cuerpo, pero nos quedamos al borde de ese placer durante largos minutos, observando en el otro el efecto de cada caricia, con un deseo turbio, aterrorizado, de que algo dé un vuelco, cosa que nunca sucede.

Nuestra entrada en secundaria marca el final de nuestra despreocupación. Un líquido rojo y viscoso me resbala entre los muslos. Mi madre me dice: «Ya está, te has hecho una mujer». Desde que mi padre desapareció del mapa, intento desesperadamente llamar la atención de los hombres. En vano. Soy poco agraciada. Sin el menor atractivo. No como Asia, tan guapa que los chicos silban al pasar.

Julien y yo acabamos de cumplir doce años. Aunque a veces, por las noches, antes de pasar a juegos más osados, nos besamos lánguidamente, nuestra complicidad nunca se convierte en amor. Entre nosotros no hay ternura, ni nos prestamos atención en nuestra vida diurna. Nunca nos cogemos de la mano, un gesto mucho más íntimo que cualquiera de los que hacemos por la noche, en el secreto de nuestras alcobas de plumas de oca. Somos cualquier cosa menos «novios», como dicen los padres.

En el instituto, Julien empieza a distanciarse. A veces, tras varias semanas sin hacernos caso, nos encontramos en su casa o en la mía. Julien me habla de alguna chica de la que está enamorado. Lo escucho sin mostrarle mi angustia. Parece que yo no le gusto a nadie. Demasiado alta, demasiado plana, con el pelo siempre en la cara. Un día, un chico incluso me llamó «sapo» en el patio. Asia se ha ido a vivir lejos de mi casa. Como todas las chicas de mi edad, me compro una libreta y empiezo a escribir un diario. Y mientras la adolescencia lanza sobre mí su mano ingrata, solo siento una soledad que me carcome.

Por si fuera poco, la pequeña editorial de la planta baja ha cerrado. Mi madre corrige guías de viaje en casa para llegar a fin de mes. Se pasa horas leyendo galeradas. Ahora tenemos que controlar el dinero. Apagar las luces y no malgastar. Las fiestas ya no son tan frecuentes, los amigos vienen cada vez menos a tocar el piano y a cantar a voz en grito, y mi madre, tan guapa, se marchita, se aísla, bebe demasiado, se refugia durante horas delante de la tele, engorda, se descuida y está demasiado mal para darse cuenta de que su celibato es tan duro para mí como para ella.

Un padre ausente que ha dejado un vacío insondable en mi vida. Una gran afición a la lectura. Cierta precocidad sexual. Y sobre todo un enorme deseo de que me miren.

Ahora se cumplen todas las condiciones.

2

La presa

CONSENTIMIENTO: Ámbito moral: acto libre del pensamiento mediante el cual una persona se compromete totalmente a aceptar o a realizar algo. Ámbito jurídico: autorización de matrimonio que conceden los padres o el tutor de un menor.

Trésor de la langue française

Una noche, mi madre me lleva a una cena a la que han invitado a varias personalidades del mundillo literario. En un primer momento me niego rotundamente a ir. La presencia de sus amigos me resulta ahora tan insoportable como la de mis compañeros de clase, de los que me alejo cada vez más. A los trece años me vuelvo claramente misántropa. Mi madre insiste, se enfada, recurre al chantaje emocional, debo dejar de aburrirme sola con mis libros, ¿y qué me han hecho sus amigos?, ¿por qué ya no quiero verlos? Acabo cediendo.

Él está sentado a la mesa, en un ángulo de cuarenta y cinco grados respecto de mí. Una presencia evidente. Un hombre guapo, de edad indeterminada, aunque totalmente calvo, con una calvicie muy cuidada que le da cierto aire de bonzo. Su mirada no deja de espiar cada uno de mis gestos, y cuando me atrevo por fin a girarme hacia él, me sonríe. Desde el primer instante confundo su sonrisa con una sonrisa paternal, porque es una sonrisa de hombre, y ya no tengo padre. A fuerza de respuestas socarronas y citas siempre oportunas, el hombre, que, como rápidamente me doy cuenta, es escritor, cautiva a su público. Conoce al dedillo los códigos de las cenas mundanas. Cada vez que abre la boca estalla una carcajada general, pero siempre detiene en mí su mirada, divertida e intrigante. Jamás un hombre me ha mirado así.

Alguien dice su nombre, cuya sonoridad eslava despierta de inmediato mi curiosidad. Es solo una casualidad, pero debo mi apellido y una cuarta parte de mi sangre a la Bohemia de Kafka, del que acabo de leer *La metamorfosis*, que me ha fascinado; en cuanto a las novelas de Dostoievski, en este momento concreto de mi adolescencia me parecen la cima más elevada de la literatura. Un apellido ruso, un aspecto de monje budista esquelético y ojos de un azul sobrenatural. No se necesita más para captar mi atención.

En las cenas a las que invitan a mi madre, suelo dejarme arrullar, medio dormida en una habitación contigua, por el murmullo de las conversaciones que escucho al parecer distraída, aunque en realidad estoy muy atenta. Esta noche me he traído un libro, y después del plato principal me refugio en un pequeño salón que da al comedor, donde ahora están sirviendo el queso (interminable sucesión de platos, a intervalos no menos interminables). Desde aquí, inclinada sobre las páginas, que ya no puedo leer, imposible concentrarme, siento en todo momento la mirada de G., sentado en el otro extremo de la sala, que me acaricia la mejilla. Su voz ligeramente susurrante, ni masculina ni femenina, se introduce en mí como un encanto, un hechizo. Parece que cada inflexión, cada palabra, está destinada a mí. ¿Soy la única que se da cuenta?

La presencia de este hombre es colosal.

Llega la hora de marcharse. El momento que temo haber soñado, el desconcierto de haberme sentido deseada por primera vez, no tardará en llegar a su fin. Dentro de unos minutos nos despediremos y no volveré a saber de él. Pero mientras me pongo el abrigo veo a mi madre coqueteando con el seductor G., que parece prestarse al juego con toda naturalidad. No me lo puedo creer. Claro, ¿cómo he podido imaginarme que a ese hombre le interesaba yo, una simple adolescente más fea que un sapo? G. y mi madre intercambian varias palabras más, ella ríe, halagada por su atención, y de repente la oigo decir:

—Ven, cariño. Llevaremos primero a Michel, luego a G., que no vive lejos, y después volvemos a casa.

En el coche, G. va a mi lado en el asiento trasero. Algo magnético fluye entre nosotros. Su brazo pegado al mío, sus ojos posados en mí y esa sonrisa rapaz de bestia parda. Toda palabra está de más.

Esa noche, el libro que me había llevado y que leía en la salita era *Eugenia Grandet*, de Balzac, que, gracias a un juego de palabras que durante mucho tiempo es inconsciente, se convierte en el título inaugural de la comedia humana en la que me dispongo a participar: «La ingenua ya es grande».

Una semana después de ese primer encuentro, corro a una librería. Compro un libro de G., aunque me sorprende que el librero me desaconseje el ejemplar que he cogido al azar y me recomiende otro volumen del mismo autor. «Este es más adecuado para ti», me dice enigmáticamente. Hay una foto en blanco y negro de G. en una gran hilera de retratos del mismo formato de escritores conocidos en esa época que recorre las paredes de la librería. Abro el libro por la primera página y, casualidad inquietante (una más), la primera frase —no la segunda, ni la tercera, sino la primera, la que inaugura el texto, el famoso íncipit por el que tantas generaciones de escritores se denuedan— empieza con mi fecha de nacimiento completa, día, mes y año: «Aquel jueves, 16 de marzo de 1972, el reloj de la estación de Luxembourg marcaba las doce y media de la tarde». Si eso no es una señal… Conmovida e impresionada a la vez, salgo de la librería con el valioso volumen bajo el brazo, presionándolo contra mi corazón como si se tratara de un regalo del destino.

Durante dos días devoro la novela, que aunque no tiene nada escandaloso (el librero la eligió hábilmente), contiene claras alusiones al hecho de que el narrador es más sensible a la belleza de las chicas jóvenes que a la de las mujeres de su edad. Fantaseo con el privilegio de haber conocido a un escritor con tanto talento y tan brillante (lo que en realidad me da alas es el recuerdo de su mirada en mí), y poco a poco me transformo. Me miro en el espejo y ahora me encuentro bastante guapa. El sapo cuyo reflejo me hacía huir de los escaparates ha desaparecido. ¿Cómo no sentirme halagada por que un hombre, que además es escritor, se haya dignado posar sus ojos en mí? Desde niña, los libros son mis hermanos, mis compañeros de viaje, mis tutores y mis amigos. Y por ciega veneración al «Escritor», con E mayúscula, desde entonces confundo al hombre con su condición de artista.

Soy yo la que sube el correo a casa todos los días. La portera me lo da cuando vuelvo del instituto. Entre varios sobres administrativos veo mi nombre y mi dirección en tinta azul turquesa, en una caligrafía impecable, ligeramente inclinada hacia la izquierda y ascendente, como si las líneas quisieran echar a volar. En la parte de atrás del sobre, en la misma tinta azul, el nombre y el apellido de G.

Recibiré muchas cartas como esta, de una untuosidad perfecta, que desgranan una sarta de cumplidos sobre mí. Detalle importante: G. me trata de usted, como si yo fuera una persona mayor. Es la primera vez que alguien de mi entorno, aparte de los profes del instituto, se dirige a mí con ese «usted» que instantáneamente me hace crecer el ego, a la vez que me coloca de entrada en pie de igualdad con él. En un principio no me atrevo a contestarle. Pero G. no es un hombre que se desanime por tan poco. En ocasiones me escribe dos veces al día. Ahora me paso por la portería mañana y tarde por miedo a que mi madre encuentre una de estas cartas, que siempre llevo conmigo; las atesoro en secreto y me guardo de contárselo a nadie. Luego, a fuerza de pedírmelo, acabo armándome de valor. Escribo una respuesta mojigata y arisca, pero a fin de cuentas una respuesta. Acabo de cumplir catorce años. Él tiene casi cincuenta. ¿Y qué?

En cuanto he mordido el anzuelo, G. no pierde un minuto. Me acecha en la calle, patrulla por mi barrio e intenta provocar un encuentro improvisado, que no tarda en producirse. Intercambiamos unas palabras y me marcho muerta de amor. Ahora me acostumbro a la posibilidad de tropezar con él en cualquier momento, así que su presencia invisible me acompaña de camino al instituto y a la vuelta, cuando voy a comprar al mercado y cuando paseo con mis amigas. Un día fija una cita por carta. Me escribe que el teléfono es demasiado peligroso, porque podría contestar mi madre.

Me pidió que nos encontráramos en Saint-Michel, delante de la parada del autobús 27. Llego puntual. Febril, con la sensación de estar cometiendo una transgresión enorme. Había imaginado que iríamos a tomar un café por el barrio. Para charlar y conocernos. En cuanto llega, me dice que lo que él había pensado era llevarme a «merendar» a su casa. Ha comprado deliciosos pasteles en un servicio de catering carísimo cuyo nombre cita con glotonería. Solo para mí. Cruza la calle charlando como si tal cosa, lo sigo maquinalmente, aturdida con sus palabras, y me encuentro delante de la parada de la misma línea, pero en sentido inverso. Cuando llega el autobús, G. me invita a subir y me dice sonriendo que no tenga miedo. Su tono es tranquilizador. «¡No va a pasarle nada malo!» Mis dudas parecen decepcionarlo. No me había preparado para esto. No puedo reaccionar, me ha pillado por sorpresa y no quiero parecer una idiota. No, en ningún caso, ni una cría que no sabe nada de la vida. «No debería hacer caso de los horrores que cuentan de mí. ¡Vamos, suba!» Pero mis dudas no tienen nada que ver con ningún comentario de mi entorno. No me han contado ningún horror de él porque no he comentado con nadie que he quedado con él.

El autobús va a toda velocidad. Mientras pasamos por el bulevar Saint-Michel y después por los jardines del Luxemburgo, G. me sonríe, embobado, y me lanza miradas enamoradas y cómplices, llenas de deseo. Hace buen tiempo. Un par de paradas y hemos llegado al portal de su casa. Tampoco había previsto esto. Podríamos haber paseado un poco, ¿no?

La escalera es estrecha y no hay ascensor. Tenemos que subir hasta el sexto.

—Vivo en una habitación de criada. Seguramente imaginaba que los escritores son señores muy ricos; pues ya ve, no, la literatura apenas da de comer a su hombre. Pero soy muy feliz aquí. Vivo como un estudiante, perfecto para mí. El lujo y la comodidad rara vez son compatibles con la inspiración.

El espacio es demasiado estrecho para subir los seis pisos uno al lado del otro. Parezco increíblemente tranquila, pero el corazón me late en el pecho como un tambor.

Ha debido de adivinar que no las tengo todas conmigo, porque pasa delante, seguramente para que no me sienta atrapada, para que aún crea que puedo dar media vuelta. Por un momento pienso en salir por piernas, pero mientras subo G. me habla con entusiasmo, como un chico encantado de invitar por primera vez a su estudio a un chica a la que ha conocido hace diez minutos. Sube con agilidad, con paso atlético, y ni una sola vez parece quedarse sin aliento. Una forma física de deportista.

La puerta se abre a un estudio desordenado, con una cocina de lo más espartana en un extremo, tan estrecha que apenas cabe una silla. Hay con qué preparar té, pero apenas una sartén para freír un huevo. «Aquí escribo», me dice con tono solemne. Y en efecto, en una mesa minúscula, encajada entre el fregadero y la nevera, hay una pila de hojas en blanco y una máquina de escribir. La habitación huele a incienso y a polvo. Un rayo de luz atraviesa la ventana, y en una mesita a la que le falta una pata y se apoya en una pila de libros hay una figurita budista de bronce. Un elefante con la trompa levantada, sin duda recuerdo de un viaje a la India, parece triste, perdido en el suelo, al borde de una pequeña alfombra persa. Zapatillas tunecinas, libros, más libros, decenas de pilas de libros de todas las alturas, colores, grosores y tamaños esparcidas por el suelo. G. me propone que me siente. En esta habitación solo hay un sitio en el que puedan sentarse dos personas: la cama.

Sentada en una postura hierática, con los pies clavados al suelo, las palmas de las manos en las rodillas apretadas y la espalda recta, busco con la mirada una señal que me aclare por qué estoy aquí. Desde hace unos minutos los latidos de mi corazón se han acelerado aún más, a no ser que lo que haya cambiado de ritmo sea el tiempo. Podría levantarme y marcharme. G. no me da miedo. Nunca me obligaría a quedarme contra mi voluntad, estoy segura. Presiento que la situación va a cambiar inevitablemente, pero no me levanto ni hablo. G. se mueve como en un sueño, no lo veo acercarse y de repente está ahí, sentado muy cerca de mí, rodeándome con un brazo los hombros, que tiemblan.

Durante esa primera tarde que paso en su casa, G. es de una delicadeza exquisita. Me besa largamente, me acaricia los hombros y desliza la mano por debajo de mi jersey sin pedirme que me lo quite, lo que sin embargo termino haciendo. Dos tímidos adolescentes coqueteando en el asiento trasero de un coche. Aunque estoy embotada, paralizada, soy incapaz de hacer el más mínimo gesto; no me atrevo a hacer nada, me concentro en sus labios, su boca, y sujeto con la yema de los dedos su cara, inclinada hacia mí. El tiempo se dilata y vuelvo a casa con las mejillas ardiendo, y los labios y el corazón henchidos de una alegría sin precedentes.

—¡Qué tonterías dices!

—No, te lo juro, es verdad. Mira, me ha escrito un poema.

Mi madre coge la hoja que le tiendo con una mueca de asco e incredulidad. Una expresión estupefacta en la que asoma un ápice de celos. Al fin y al cabo, cuando aquella noche propuso al escritor llevarlo a casa y él aceptó con un tono tan dulce, muy bien pudo pensar que él no era insensible a sus encantos. Descubre con una violencia inaudita que me he convertido en una rival antes de tiempo, y en un principio ese sentimiento la ciega. Luego se recobra y me suelta una frase que jamás habría creído que tuviera algo que ver con G.:

—¿No sabes que es un pedófilo?

—¿Un qué? ¿Por eso le propusiste acompañarlo a su casa y lo dejaste con tu hija en el asiento trasero del coche? ¿Y qué significa eso? ¡Qué más da, no tengo ocho años!

De repente me amenaza con meterme en un internado. En la buhardilla estallan los gritos. ¿Cómo puede privarme de este amor, el primero, el último, el único? ¿Se cree que después de haberme quitado a mi padre (porque ahora todo es culpa suya, por supuesto) voy a permitirle que me quite nada por segunda vez? Nunca aceptaré que me separen de él. Prefiero morirme.

De nuevo las cartas se suceden, más apasionadas que las anteriores. G. me declara su amor en todas sus formas, me suplica que vuelva a verlo lo antes posible, me dice que no puede vivir sin mí, que no, que no vale la pena vivir ni un minuto más si no es entre mis brazos. De un día para otro me he convertido en una diosa.

El sábado siguiente le digo a mi madre que voy a estudiar a casa de una compañera de clase y llamo a la puerta de G. ¿Cómo resistirme a esa sonrisa rapaz, a esos ojos risueños y a esas largas y delicadas manos de aristócrata?

Unos minutos después estoy tumbada en su cama, y no tiene absolutamente nada que ver con lo que conozco. Ya no se trata del cuerpo lampiño y frágil de Julien contra el mío, de su piel aterciopelada de adolescente y el acre olor de su sudor. Es el cuerpo de un hombre. Poderoso y áspero, recién lavado y perfumado.

Dedicó nuestra primera cita a la parte superior de mi cuerpo. Esta vez, intrépido, empieza a aventurarse hacia zonas más íntimas. Y para eso tiene que desatarme los cordones de las zapatillas, gesto que realiza con evidente placer, quitarme los vaqueros, la bragas de algodón (no tengo ropa interior femenina digna de tal nombre, y nada puede complacer más a G., aunque aún no soy del todo consciente de ello).

Entonces, con tono cariñoso, se pone a presumir de su experiencia, de su saber hacer, que le ha permitido quitar la virginidad a chicas muy jóvenes sin hacerles daño, y llega incluso a afirmar que guardan toda su vida un recuerdo emocionado, que tuvieron la suerte de haberse encontrado con él y no con otro, un tío bruto, sin el más mínimo tacto, que las habría clavado al colchón sin contemplaciones, y ese momento único habría llevado siempre aparejada una sensación de desencanto.

Pero en mi caso no puede abrirse camino. Junto los muslos de manera instintiva, en un movimiento que no puedo controlar. Grito de dolor incluso antes de que me haya tocado. Sin embargo, solo sueño con una cosa. En una mezcla de bravuconería y sentimentalismo, ya he aceptado íntimamente este horizonte ineludible: G. será mi primer amante. Y por eso estoy tumbada en su cama. Entonces, ¿por qué mi cuerpo se niega? ¿Por qué este miedo incontrolable? G. no se inmuta. Me susurra palabras reconfortantes:

—No pasa nada. Entretanto, podemos hacer otras cosas, ¿sabes?

Así como hay que santiguarse con agua bendita antes de cruzar el umbral de una iglesia, poseer el cuerpo y el alma de una chica joven exige cierto sentido de lo sagrado, es decir, un ritual inalterable. La sodomía tiene sus reglas y se prepara con cuidado, religiosamente.

G. me da la vuelta en el colchón y empieza a pasarme la lengua por todo el cuerpo, de arriba abajo: la nuca, los hombros, la espalda y las nalgas. Pierdo la conciencia de estar en el mundo. Y mientras su lengua voraz se introduce en mi cuerpo, mi espíritu levanta el vuelo.

Así pierdo la primera parte de mi virginidad. «Como un niño», desliza sobre mí en un susurro.

Estoy enamorada y me siento querida como nunca antes. Y eso basta para borrar toda aspereza, para suspender todo juicio sobre nuestra relación.

Al principio, tras haber pasado un rato en la cama de G., me conmueven especialmente dos cosas: verlo mear de pie y verlo afeitarse. Como si estos gestos entraran por primera vez en un universo que durante demasiado tiempo se ha reducido a rituales femeninos.

Lo que descubro en los brazos de G., ese ámbito de la sexualidad adulta, hasta ahora tan inexpugnable, es para mí un nuevo continente. Exploro ese cuerpo de hombre con la aplicación de una discípula privilegiada, asimilo con gratitud sus enseñanzas y me concentro en los ejercicios prácticos. Me da la sensación de ser una elegida.

G. admite que hasta ahora ha llevado una vida muy disoluta, de lo que dan testimonio algunos de sus libros. Me promete de rodillas y con los ojos empañados por las lágrimas que romperá con todas sus amantes, me susurra que jamás en su vida había sido tan feliz y que lo nuestro es un milagro, un auténtico regalo de los dioses.

Al principio, G. me lleva a museos, a veces al teatro, me regala discos y me recomienda libros. ¿Cuántas horas pasa-

mos juntos paseando por los senderos de los jardines del Luxemburgo, cogidos de la mano, deambulando por las calles de
París, indiferentes a las miradas curiosas, suspicaces, de desaprobación y en ocasiones abiertamente de odio de los transeúntes con los que nos cruzábamos en el camino?

No recuerdo que mis padres fueran a recogerme al colegio
cuando tenía edad de esperarlos, con maravillosa inquietud,
delante de la puerta, y que al abrirse apareciera el rostro ado-
rado de uno de los dos. Mi madre siempre trabajaba hasta
tarde. Yo volvía sola a casa. Mi padre ni siquiera sabía en qué
calle estaba mi escuela.

Ahora G. está casi todos los días delante de la salida de mi
escuela. No exactamente delante, sino a unos metros, en la
plaza del final de la calle, para que lo vea enseguida detrás de
una multitud de adolescentes alborotados, su alargada figura
vestida siempre en primavera con una chaqueta de estilo colo-
nial, y en invierno con un abrigo que recuerda a los de los
oficiales rusos de la Segunda Guerra Mundial, largo y lleno de
botones dorados. Lleva gafas de sol tanto en verano como en
invierno, supuestamente para proteger su anonimato.

Nuestro amor es un amor prohibido. Las personas decentes lo censuran. Lo sé porque no deja de repetírmelo. Así que
no puedo decírselo a nadie. Hay que tener cuidado. Pero ¿por
qué? ¿Por qué si yo lo amo, y él también me ama?

Y esas gafas, ¿de verdad no llaman la atención?

Después de cada sesión amorosa, en las que G. parece alimentarse de mi cuerpo como un hambriento, cuando los dos estamos en la tranquilidad de su estudio, rodeados hasta el aturdimiento por centenares de libros, me mece en sus brazos como a un bebé, me pasa la mano por el pelo alborotado, me llama «mi niña querida» y «mi guapa colegiala», y me cuenta en voz baja la larga historia de esos amores irregulares entre una chica muy joven y un hombre maduro.

Ahora tengo un profesor particular dedicado enteramente a mi educación. Su cultura es de una amplitud fascinante, mi admiración se multiplica por diez, aunque las clases que recibo cuando salgo del instituto siempre se orienten en un único sentido.

—¿Sabías que en la Antigüedad no solo se incentivaba que los adultos iniciaran sexualmente a los jóvenes, sino que además se consideraba un deber? ¿Te han contado que, en el siglo XIX, la pequeña Virginia solo tenía trece años cuando Edgar Poe se casó con ella? Si pienso en todos esos padres biempensantes que leen a sus hijos *Alicia en el País de las Maravillas* antes de que se duerman, sin tener la menor idea de quién era Lewis Carroll, me dan ganas de reírme a carcajadas. Le apasionaba la fotografía e hizo compulsivamente cientos de retratos de niñas, entre ellos el de la verdadera Alicia, la que le inspiró la protagonista de su obra maestra, el amor de su vida. ¿Las has visto?

Como el álbum ocupa un lugar destacado de la estantería, me muestra también las fotos eróticas que Irina Ionesco hacía a su hija Eva cuando apenas tenía ocho años, con las piernas abiertas, vestida solo con unas medias negras hasta los muslos y con su hermoso rostro de muñeca maquillado como el de una prostituta. (Omite contarme que después a la madre le quitaron la custodia, y que Eva acabó a los trece años en el Departamento de Asuntos Sanitarios y Sociales.)

En otra ocasión echa pestes contra los norteamericanos, envarados en su frustración sexual, que persiguieron al pobre Roman Polanski para impedirle hacer sus películas.

—Son puritanos que lo confunden todo. A la chica que afirma que la violó la han manipulado unos envidiosos. Ella dio su consentimiento, es evidente. ¿Y crees que las modelos permitían que David Hamilton las fotografiara sin tener otra cosa en mente? Hay que ser realmente ingenuo para creerlo…

La letanía es interminable. Ante tantos ejemplos edificantes, ¿cómo no rendirse? Una chica de catorce años tiene el derecho y la libertad de amar a quien quiera. Aprendí bien la lección. Y por si fuera poco, me convertí en una musa.

Al principio, las circunstancias distan mucho de gustar a mi madre. Superada la sorpresa y la conmoción, habla con sus amigos y les pide consejo. Parece que nadie se preocupa especialmente. Poco a poco, ante mi determinación, acaba aceptando las cosas como se presentan. Quizá me crea más fuerte y más madura de lo que soy. Quizá esté demasiado sola para reaccionar de otra manera. Quizá también necesite a un hombre a su lado, un padre para su hija que se enfrente a esta anomalía, a esta aberración, a... esto. Alguien que tome cartas en el asunto.

También sería necesario un entorno cultural y una época menos complacientes.

En efecto, diez años antes de conocer a G., a finales de la década de los setenta, numerosos periódicos e intelectuales de izquierdas defendieron públicamente a adultos acusados de haber mantenido relaciones «culpables» con adolescentes. En 1977 se publica en *Le Monde* una carta abierta en favor de la despenalización de las relaciones sexuales entre menores y adultos, titulada «A propósito de un proceso», que firmaron y apoyaron eminentes intelectuales, psicoanalistas y filósofos de renombre, escritores en lo más alto de su carrera, en su mayoría de izquierdas. Encontramos, entre otros, los nombres de Roland Barthes, Gilles Deleuze, Simone de Beauvoir, Jean-Paul Sartre, André Glucksmann, Louis Aragon… El texto denuncia el encarcelamiento de tres hombres a la espera de juicio por haber mantenido (y fotografiado) relaciones sexuales con menores de trece y catorce años. «Una prisión preventiva tan larga para instruir un simple caso de "moral", en el que los niños no han sido víctimas de la menor violencia, sino que, al contrario, aclararon a los jueces de instrucción que eran consentidores (aunque actualmente la justicia les niegue el derecho al consentimiento), nos parece escandalosa», leemos en dicha carta.

La petición también la firma G. M. Habrá que esperar a 2013 para que confiese haber sido el promotor (la escribe él mismo) y haber recibido en aquella época muy pocas negativas a su solicitud de firmas (entre ellas las de Marguerite Duras, Hélène Cixous y… Michel Foucault, que solía ser el primero en denunciar todo tipo de represión). Ese mismo año se publica en *Le Monde* otra petición titulada «Llamamiento a la revisión del Código Penal respecto de las relaciones menores-adultos», que reúne aún más apoyos (a los nombres anteriores se suman los de Françoise Dolto, Louis Althusser y Jacques Derrida, por citar solo algunos, aunque la carta abierta está firmada por ochenta intelectuales que se cuentan entre los más prominentes del momento). En 1979 se publica otra petición, esta vez en *Libération*, en apoyo de un tal Gérard R., acusado de vivir con niñas de seis a doce años, firmada también por importantes personalidades del mundo literario.

Treinta años después, todos los periódicos que aceptaron publicar esos artículos más que discutibles entonarán uno tras otro su *mea culpa*. Los medios de comunicación no son más que el reflejo de su tiempo, argumentarán.

¿Por qué todos estos intelectuales de izquierdas defendieron con tanta pasión posiciones que hoy en día nos parecen tan chocantes? En especial la flexibilización del Código Penal respecto de las relaciones sexuales entre adultos y menores, así como la abolición de la mayoría de edad sexual.

Sucede que, en los años setenta, en nombre de la liberación de las costumbres y de la revolución sexual, se siente la obligación de defender el libre disfrute de todos los cuerpos. Prohibir la sexualidad juvenil es una forma de opresión social, y compartimentar la sexualidad entre individuos de la misma edad sería una forma de segregación. Luchar contra el encarcelamiento de los deseos y contra toda represión son las consignas de ese período, y nadie tiene nada que objetar, salvo los santurrones y algunos tribunales reaccionarios.

Una deriva y una ceguera por las que casi todos los firmantes de esas peticiones pedirán disculpas tiempo después.

En los años ochenta, el entorno en el que crezco sigue impregnado de esta visión del mundo. Mi madre me contó que cuando era adolescente, el cuerpo y sus deseos aún eran tabúes y que sus padres nunca le hablaron de sexualidad. En el 68 contaba dieciocho años, y tuvo que liberarse en primer lugar de una educación demasiado encorsetada, y después de las garras de un marido insoportable con quien se casó demasiado joven. Como las protagonistas de las películas de Godard o de Sautet, ahora aspira sobre todo a vivir su vida. «Prohibido prohibir» sigue siendo un mantra para ella. No es tan sencillo escapar al espíritu de tu época.

En este contexto, mi madre ha acabado adaptándose a la presencia de G. en nuestra vida. Darnos la absolución es un disparate. Creo que en el fondo lo sabe. ¿Sabe también que corre el riesgo de que algún día alguien se lo reproche con dureza, empezando por su propia hija? ¿Mi obstinación es tan fuerte que no puede oponerse? En cualquier caso, su intervención se limita a hacer un pacto con G. Debe jurarle que nunca me hará sufrir. Me lo cuenta él un día. Imagino la escena, mirándose a los ojos, solemne. «Di: "¡Lo juro!"»

A veces mi madre lo invita a cenar a nuestra pequeña buhardilla. Sentados a la mesa los tres, alrededor de una pierna de cordero con judías verdes, casi parecemos una bonita familia, papá y mamá por fin juntos, conmigo en medio, radiante, la santa trinidad, unidos de nuevo.

Por chocante y aberrante que pueda parecer esta idea, quizá G. también sea para mi madre, de forma inconsciente, el sustituto del padre ideal, el padre que no ha podido ofrecerme.

Además, esta situación extravagante no le desagrada del todo. Incluso tiene algo gratificante. En nuestro entorno bohemio de artistas e intelectuales, las discrepancias con la moral se asumen con tolerancia, incluso con cierta admiración. Y G. es un escritor famoso, lo que al fin y al cabo resulta bastante halagador.

En un entorno totalmente diferente, donde los artistas no ejercieran tanta fascinación, sin duda las cosas habrían sido distintas. Habrían amenazado al caballero con mandarlo a la cárcel. La niña habría ido al psicólogo, quizá habría mencionado el recuerdo soterrado de una goma chasqueando contra un muslo ambarino en un decorado oriental, y el asunto se habría solucionado. Punto final.

—Que no se enteren tus abuelos, cariño. No lo entenderían —me dice un día mi madre mientras charlábamos de otra cosa.

El dolor, traicionero, aparece una noche en la articulación del pulgar izquierdo. Supongo que me he dado un golpe en la mano sin darme cuenta y pienso en qué actividad manual intensa he realizado ese día, pero no se me ocurre nada. Dos horas después, la inflamación se ha convertido en una quemazón casi insoportable que se extiende a todas las articulaciones de los dedos. ¿Cómo una zona del cuerpo tan pequeña puede doler tanto? Mi madre, preocupada, llama a un médico de urgencias. Me sacan sangre, y el análisis muestra un nivel de glóbulos blancos demasiado alto. Me llevan al hospital. Mientras llego, el dolor se ha propagado a las articulaciones de las demás extremidades. Cuando me encuentran una cama, ya no puedo moverme. Estoy literalmente paralizada. Un médico me diagnostica reumatismo articular agudo, provocado por una infección por estreptococos.

Debo quedarme ingresada varias semanas, que en mi recuerdo me parecerán interminables, aunque la enfermedad tiende a distorsionar la percepción del tiempo.

Durante la estancia en el hospital, tres visitas inesperadas me dejan un recuerdo divertido, incómodo y devastador, respectivamente.

La primera llega unos días después de mi hospitalización. Mi madre (a menos que se tratara de una amiga suya, con las mejores intenciones, supongo) envía a la enferma a un psicoanalista que hace gala de una compasión manifiesta en cuanto entra en la habitación y me ve. Lo he visto dos o tres veces en una de las cenas de las que he hablado.

—V., he venido a charlar un rato contigo. Creo que podría irte bien.

—¿Qué quiere decir?

—Creo que tu enfermedad responde a otra cosa. A un malestar más profundo, ¿sabes? ¿Cómo te va en el instituto? ¿Te sientes bien allí?

—No, es un infierno, ya casi no voy, me salto todas las clases que no me gustan y mi madre se sube por las paredes. Imito su firma en notas que me invento para justificar mi ausencia en clase y después me marcho a una cafetería a fumar durante horas. Una vez incluso me inventé que tenía que ir al entierro de mi abuelo, y eso mi madre no lo aceptó. Creo que me pasé, ¿no?

—Quizá… tu enfermedad… tenga que ver también con tu… situación actual.

Hala, ya estamos, nos dejamos de sutilezas y vamos al grano. ¿Qué se cree, que G. me ha pegado los estreptococos?

—¿Qué situación? ¿De qué habla?

—Podemos empezar por cómo te sentías antes de ponerte enferma. ¿Quieres intentar hablarlo conmigo? Eres lo bastante inteligente para saber que la palabra ayuda a mejorar, ¿no? ¿Qué me dices?

Evidentemente, en cuanto empiezo a sentir que su interés por mí es sincero, siendo además un representante del sexo masculino, mis defensas se desmoronan.

—De acuerdo.

—¿Por qué vas tan poco a clase? ¿Crees que es solo porque las asignaturas te aburren? Creo que hay algo más.

—Me da..., mmm..., cómo decirlo..., miedo la gente. Es ridículo, ¿no?

—Para nada. Hay muchas personas como tú, que sufren ataques de ansiedad o de pánico en determinadas situaciones. La escuela y el instituto pueden provocar mucha ansiedad, sobre todo en tus circunstancias. Y ahora mismo, ¿qué te duele?

—Las rodillas. Es horrible, de verdad. Me queman por dentro.

—Sí, es lo que me ha dicho tu madre, en efecto. Interesante. Muy interesante...

—Vaya, ¿las rodillas son interesantes?

—Dime, ¿qué entiendes por «rodillas»? ¿Y si pensamos en la palabra, en las «rodillas»? Es una articulación, te han diagnosticado reumatismo articular, así que... estarás de acuerdo conmigo en que de alguna manera tienes un problema de «articulación» de la realidad con respecto a lo que te rodea, ¿verdad?

La expresión del psicoanalista es de gran satisfacción, de pura beatitud, por así decirlo. Hasta ahora mis rodillas solo habían provocado tanto efecto en G. Me quedo sin palabras.

—En ocasiones, cuando el dolor psíquico se silencia, se expresa a través del cuerpo provocando dolor físico. Piénsalo un poco. No quiero cansarte más. Además, tienes que reposar. Lo dejaremos aquí por hoy.

Aparte de una vaga alusión al inicio de la conversación, el psicoanalista no ha dicho una palabra sobre mi relación con G. Y yo que creía que solo era un moralista, como a G.

le gusta llamar a los que nos lanzan miradas de desaprobación… Entonces le digo para provocarlo:

—¿Y no tiene nada más que decirme sobre mi «situación»?

Esta vez me contesta con tono mordaz:

—Podría añadir algo, pero no va a gustarte: el reumatismo no es propio de tu edad.

Unos días después aparece también el amante de mi madre sin previo aviso. Hasta ahora, el bigotudo con elegantes pajaritas no me había dado muestras de especial cariño. Y ahora aquí está, solo, con expresión seria y triste. ¿Qué quiere de mí? ¿Estaré a punto de morirme —y me lo han ocultado— para dar tanta pena? Se sienta en una silla a la derecha de mi cama sin pedirme permiso, y con un gesto de ternura que nunca he visto en él, me coge la mano y me la aprieta con la suya, grande, tibia y ligeramente húmeda.

—¿Cómo te encuentras, mi querida V.?

—Bien, bueno, va a días…

—Sí, tu madre me ha dicho que te dolía mucho. Eres muy valiente, ¿sabes? Pero estás en un hospital infantil, te curarán, son los mejores.

—Muy amable por venir. —En realidad no tengo la menor idea de qué hace aquí.

—Es lo mínimo. Sé que en los últimos años he acaparado mucho a tu madre y que no debes de verme como a un amigo. Pero…, cómo decirlo…, me gustaría…, bueno, como tu padre no se ocupa de nada, me siento un poco culpable por no haberme implicado más en tu vida. Me gustaría tener un papel en ella, pero no sé cómo hacerlo.

Sonrío, algo sorprendida. En el fondo me parece conmovedor. Me suelta por fin la mano. Recorre las paredes blancas de la habitación con mirada nerviosa, en busca de la inspiración que le falta para seguir con su discurso, y al final encuentra ayuda inesperada en la cubierta de un libro que tengo en la mesita.

—¿Te gusta Proust? Vaya, qué bien. ¿Sabes que es mi escritor favorito?

G. me ha regalado el primer tomo de *En busca del tiempo perdido*. Me dijo que no hay nada como la enfermedad para entender la obra del pobre Marcel. Escribía acostado en la cama, con fuertes dolores, entre un ataque de tos y el siguiente.

—Acabo de empezarlo... Sí, me gusta. Bueno, las duquesas y todo eso no son lo mío, pero lo que escribe sobre la pasión amorosa me conmueve mucho.

—¡Sí, exacto! ¡La pasión amorosa! ¡Eso es! Bueno, lo que quería decirte es que tu madre y yo no estamos como antes. Creo que vamos a separarnos.

—Ah, ¿estabais juntos? Primera noticia.

—Sí, bueno, ya me entiendes... Pero me gustaría que tú y yo siguiéramos en contacto. Podríamos comer juntos de vez en cuando.

Luego mira el reloj (de bolsillo) y me dice que desgraciadamente tiene que marcharse, se levanta y cuando va a darme un beso, hace un movimiento descontrolado, su cabeza se desvía y su gran boca purpurina con áspero bigote se aplasta contra mis labios. Se incorpora, rojo como un tomate y, como no sabe dónde meterse, desaparece igual que si lo persiguiera un fantasma.

Los actos fallidos solo comprometen a quienes los señalan, diría mi nuevo amigo psicoanalista.

¿Cómo saber si el gesto ha sido involuntario? En un principio, la propuesta del amante de mi madre me ha parecido sincera, pero con ese beso en forma de resbalón ha lanzado la sospecha sobre sus verdaderos propósitos.

Dos días después, otra visita inesperada vuelve a pillarme por sorpresa. Decididamente, es imposible estar tranquila en este hospital, todos entran como Pedro por su casa. Una cara que llevaba tres años intentando olvidar asoma por el marco de la puerta de mi habitación. La de mi padre, siempre tan irónica y que no puede dejarme indiferente. El dolor en las articulaciones me ha impedido dormir buena parte de la noche. Estoy agotada y tensa. Pero ¿qué se cree, que solo tiene que volver a presentarse para que lo olvide todo por arte de magia? ¿Su silencio en los últimos años, las horas llorando al teléfono intentando hablar con él mientras su nueva mujer o su secretaria me repiten que no puede ponerse, que está muy ocupado, de viaje o lo que sea?

No, la verdad, se acabó, ya no tengo nada que decirle.

—¿Qué haces aquí? ¿De repente te has acordado de tu hija?

—Tu madre me ha llamado porque está preocupada por ti. Parece que te duele mucho y que no saben cómo has pillado estreptococos. Pensé que te alegraría verme.

Si no estuviera paralizada, lo echaría a patadas.

—¿Qué te importa que esté enferma?

—Creía que te alegrarías, nada más. Al fin y al cabo soy tu padre.

—Ya no te necesito, ¿vale? —Las palabras han salido a mi pesar. Y luego, siguiendo el impulso—: He conocido a alguien.

—¿Qué quiere decir que has conocido a alguien? ¿Que estás enamorada?

—¡Exacto! Quiere decir que puedes marcharte y seguir con tu vida tranquilamente porque ahora ya tengo a alguien que me cuida.

—Vaya, ¿y no te parece que eres un poco joven para tener una relación amorosa? Catorce años. ¿Quién es ese tío?

—Pues te vas a desmayar, porque el tío es escritor, es genial, y lo más increíble es que me quiere. Se llama G. M. ¿Te suena?

—¿Qué? ¿Ese cabrón? ¿Me estás tomando el pelo?

Le he dado, y en pleno corazón. Esbozo mi sonrisa más satisfecha. Pero su reacción es un cataclismo. Con una rabia incontrolable, coge una silla metálica, la levanta y la lanza contra la pared. Barre con el dorso de la mano varios utensilios médicos de una mesa auxiliar y empieza a gritar, suelta una andanada de insultos, me llama puta, zorra, grita que no le sorprende en qué me he convertido con la madre que tengo, que no se puede confiar en ella, otra puta, escupe todo su asco contra G., ese monstruo, esa basura, y jura que lo denunciará a la policía en cuanto salga del hospital.

Alertada por el ruido, una enfermera entra en la habitación y le ruega sin inmutarse que haga el favor de calmarse o de marcharse inmediatamente.

Mi padre coge el abrigo (de cachemira) y desaparece. Las paredes aún tiemblan por sus gritos. Me quedo postrada, al parecer en estado de shock, pero no estoy descontenta con lo que he provocado.

Si esta confesión no es lo que los psicoanalistas llaman un «grito de ayuda», entonces no sé qué es. Pero no hace falta que diga que mi padre no denunciará a G. y que no volveré a saber de él. Mi confesión es la coartada perfecta para su natural negligencia.

Las semanas se prolongan en este maldito hospital, adonde G. viene a verme casi todos los días sin que nadie se ofenda. Afortunadamente, al final encuentran una cura para las inflamaciones articulares, pero merece la pena señalar el episodio anterior a mi salida.

Me animan a aprovechar que estoy en este gran hospital pediátrico para que me visite un ginecólogo. El médico, un hombre muy solícito, me interroga sobre mi sexualidad, y en un sorprendente ataque de confianza (mi eterna sensiblería ante el encanto de una bonita voz grave y una muestra de interés), acabo confesando que desde hace poco tomo la píldora —porque he encontrado a un chico lleno de cualidades—, pero que me siento absolutamente incapaz de entregarme a él, porque me aterroriza que perder la virginidad me duela. (En efecto, desde hace semanas, todos los intentos de G. por acabar con mis reticencias han sido en vano. No parece molestarle demasiado. Con mi culo tiene más que suficiente.) El doctor enarca una ceja, algo sorprendido, y me dice que parezco una niña muy avanzada para mi edad y que está dispuesto a ayudarme. Después de haberme revisado decreta muy contento que en efecto soy la «Virgen personificada», porque nunca ha visto un himen tan intacto. Con la mejor intención, me propone hacerme una pequeña incisión con anestesia local que me permitirá acceder por fin a los placeres del sexo.

Es evidente que la información no fluye demasiado bien entre las diferentes secciones del hospital, y quiero creer que este médico no tiene la menor idea de lo que está haciendo:

ayudar al hombre que me mete cada día en su cama a gozar sin impedimentos de todos los orificios de mi cuerpo.

No sé si en este caso podemos hablar de violación médica o de un acto de barbarie. En cualquier caso, me convierto por fin en una mujer mediante un golpe —hábil e indoloro— de bisturí de acero inoxidable.

3

El dominio

Lo que me cautiva no es tanto un sexo concreto como la extrema juventud, esa que se da entre los diez y los dieciséis años, y que me parece —mucho más de lo que suele entenderse por esta expresión— el verdadero tercer sexo.

G. M., *Les Moins de seize ans*

Hay muchas maneras de arrebatarle a una persona su yo. Al principio, algunas de ellas parecen inocentes.

Un día, G. quiere ayudarme a escribir una redacción. Como suelo sacar muy buenas notas, sobre todo en lengua, no siento la necesidad de comentar con él lo que hago en el instituto. Pero, terco como una mula, y de buen humor esa tarde, sin pedirme permiso abre la libreta por la página para el día siguiente.

—Dime, ¿has hecho la redacción? Podría ayudarte, ¿sabes? Estás retrasándote. Mmm..., veamos: «Tema de la redacción: cuenta una de tus hazañas».

—No, no te preocupes, ya lo he pensado, la haré luego.

—Pero ¿por qué? ¿No quieres que te eche una mano? Terminarás antes, y cuanto antes hayas terminado, antes... —Me desliza la mano por debajo de la blusa y me acaricia suavemente el pecho izquierdo.

—¡Para, eres un obseso, de verdad!

—Bueno, cuando yo tenía tu edad realicé una auténtica hazaña. ¿Sabes que fui campeón de equitación? ¡Pues sí! Y un día...

—¡No me interesa! ¡Es mi redacción!

G. frunce el ceño y se apoya en las almohadas, al final de la cama.

—Muy bien, como quieras. Como veo que mi adolescencia no te interesa, leeré un rato...

Arrepentida, me inclino hacia él para darle un beso a modo de disculpa.

—Claro que me interesa tu vida, me interesa todo de ti, lo sabes...

G. se incorpora de un salto.

—Es verdad, ¿quieres que te lo cuente? Y lo escribimos al mismo tiempo.

—¡Eres tremendo! ¡Pareces un crío! De todas formas, mi profe se dará cuenta enseguida de que la redacción no la he escrito yo.

—No, lo pondremos todo en femenino y utilizaremos tus palabras. No se percatará de nada.

Así que, inclinada sobre las dos páginas con grandes cuadrados azules atravesados por una delgada línea roja, empiezo a escribir con mi esmerada letra, aplicada como siempre, lo que me dicta G., la historia de una chica que, en una carrera extremadamente peligrosa, logra saltar diez obstáculos en unos minutos sin tirar, ni siquiera rozar, ninguna barra, altiva en su montura de competición, aclamada por una multitud de espectadores paralizados ante su habilidad, la elegancia y la precisión de sus movimientos, y descubro a la vez toda una jerga que no conozco y que mientras escribo debo preguntarle qué significa, cuando solo he montado a caballo una vez en mi corta vida y acabé al instante en el médico, cubierta de eccemas, tosiendo y llorando debido a un edema que había duplicado el volumen de mi cara colorada.

Al día siguiente entrego la redacción a mi profe de lengua, muerta de vergüenza. A la semana siguiente, cuando nos devuelve los trabajos, exclama (crédula o no, nunca lo sabré): «¡V., esta semana te has superado! Un diecinueve sobre veinte, nada que objetar, la mejor nota de la clase. Así que, escuchadme los demás. Os voy a pasar el trabajo de vuestra compañera y os pido a todos que lo leáis con atención. Y que os sirva de ejemplo. Espero que no te importe, V., sobre todo porque tus amigos se enterarán además de la excepcional jinete que eres».

La desposesión empezaba así, entre otras cosas.

Después, a G. nunca le interesará mi diario, no me animará a escribir ni me instará a encontrar mi camino.

El escritor es él.

En el muy restringido círculo de mis amigos, las reacciones respecto de G. son confusas. Los chicos sienten un rechazo visceral, cosa que a G. le viene muy bien, porque no tiene ningunas ganas de conocerlos. Prefiere a los niños imberbes, de doce años como máximo, como no tardaré en descubrir. Ya no son objetos de placer, sino rivales.

Pero las chicas sueñan con conocerlo. Una de ellas me pregunta un día si puede pasarle un cuento que acaba de escribir. Una mirada «profesional» no tiene precio. Las adolescentes de mi época son mucho más atrevidas de lo que sus padres imaginan. Cosa que solo puede encantar a G.

Un día que llego tarde al instituto, como de costumbre, la clase de coro ya ha empezado y todo el mundo canta de pie al unísono. Un trocito de papel doblado en cuatro aterriza en mi pupitre, delante del estuche. Lo desdoblo y lo leo: «Cornuda». Dos caras sonrientes imitan con los dedos extendidos por encima de la cabeza dos cuernos que se mueven. Cuando termina la clase, en el momento en que todos los alumnos corren hacia la puerta de salida, intento escapar, pero uno de los bromistas se pega a mí y me susurra al oído:

«He visto a tu viejo en un autobús, besando a otra chica». Me estremezco, aunque intento que no se me note nada. El chico acaba soltándome: «Mi padre me ha dicho que es un cabrón pedófilo». He oído antes la palabra, por supuesto, aunque nunca he hecho caso. Por primera vez me afecta. Para empezar, porque designa al hombre al que amo y lo convierte en un delincuente. Y porque por el tono del chico, por el desprecio que destila, supongo que no me ha colocado en el bando de las víctimas, sino en el de los cómplices.

G. se indigna cuando le cuento que algunas personas de mi entorno lo califican de «profesional del sexo». La expresión me desconcierta. Para mí, la sinceridad de su amor está por encima de toda sospecha. Poco a poco he empezado a leer algunos libros suyos. Los que él me ha recomendado. Los más decentes, el diccionario filosófico que acaba de aparecer, algunas novelas, no todas; me ha aconsejado que no abra las más escandalosas. Con un poder de convicción digno de los mejores políticos y la mano en el corazón, me jura que esos escritos ya no tienen nada que ver con el hombre en el que se ha convertido gracias a mí. Sobre todo teme que algunas páginas me impacten. Y pone cara de corderito.

Durante mucho tiempo obedezco sus instrucciones. Pero dos de esos libros están en una estantería, al lado de la cama. Los títulos me desafían cada vez que mi mirada se topa con ellos. Sin embargo, como la mujer de Barba Azul, le prometí cumplir mi palabra. Seguramente porque no tengo a una hermana que me saque del apuro si alguna vez se me hubiera pasado por la cabeza la idea de saltarme una prohibición.

Cuando llegan a mis oídos las peores acusaciones sobre él, una infinita ingenuidad me empuja a creer que la ficción creada por G. lo caricaturiza, que sus libros son una exageración de sí mismo, que se envilece y se afea para provocar, como un personaje de novela forzado. Su obra, una versión moderna del retrato de Dorian Gray, sería el receptáculo de todos sus defectos, lo que le permite volver a la vida renovado, virgen, suave y puro.

¿Y cómo va a ser malo si es el hombre al que amo? Gracias a él ya no soy la niña solitaria que espera a su papá en el restaurante. Gracias a él por fin existo.

La carencia, la carencia de amor como una sed que se lo bebe todo, una sed de yonqui que no mira la calidad del producto que le suministran y se inyecta su dosis letal con la certeza de estar haciéndolo bien. Con alivio, gratitud y felicidad.

Desde el principio de nuestra relación mantuvimos correspondencia, como en la época de *Las amistades peligrosas*, me dije ingenuamente. G. me animó enseguida a utilizar ese modo de comunicación, seguramente, en primer lugar, porque él es escritor, pero también por seguridad, para proteger nuestro amor de las miradas y de los oídos indiscretos. No vi inconveniente, me siento más cómoda con lo escrito que con lo oral, es un medio de expresión natural para mí, tan reservada con mis compañeros de clase, incapaz de hablar en público, de hacer una exposición y de realizar cualquier actividad teatral o artística en la que tenga que exponer mi cuerpo a la mirada de los demás. Aún no existe internet ni los ordenadores portátiles. En cuanto al teléfono, objeto vulgar desprovisto de toda poesía, a G. solo le inspira desprecio. En una vieja caja de cartón atada cuidadosamente con una cinta guardo un montón de brillantes declaraciones de amor que me envía cuando se marcha o cuando no nos vemos durante varios días. Sé que él conserva las mías con tanto mimo como yo. Pero al sumergirme en algunos de sus libros (todavía no los más escabrosos), me doy cuenta de que disto mucho de tener la exclusiva de esa efusividad epistolar.

Dos libros suyos en concreto narran sus amores tumultuosos con multitud de chicas cuyas insinuaciones G. parece incapaz de rechazar. Todas esas amantes son muy exigentes, y enseguida, dado que él no sabe cómo salir del atolladero, hace malabarismos con mentiras cada vez más descaradas para concatenar en un mismo día dos, tres y a veces cuatro citas amorosas.

G. no solo no duda en reproducir en sus libros las cartas de sus conquistas, sino que todas son extrañamente similares. Por su estilo, su exaltación e incluso su vocabulario, parecen formar un mismo corpus que abarca años, en el que se oye la voz lejana de una chica ideal, compuesta por todas las demás. Todas ellas dan muestras de un amor tan celestial como el de Eloísa y Abelardo, y tan carnal como el de Valmont y Tourvel. Parece que estemos leyendo la prosa ingenua y anticuada de amantes de otro siglo. No son palabras de chicas de nuestra edad, sino los términos universales y atemporales de la literatura epistolar amorosa. G. nos los sugiere en silencio, los insufla en nuestra lengua. Nos despoja de nuestras palabras.

Las mías no son diferentes. ¿Todas las chicas un poco «literarias» escriben de la misma manera entre los catorce y los dieciocho años? ¿O también me ha influido el estilo uniforme de esas cartas de amor después de haber leído varias en los libros de G.? Me decanto más bien por la idea de una especie de «pliego de condiciones» implícito al que me he ajustado de forma instintiva.

Retrospectivamente, me doy cuenta de que se trata de un engaño: reproducir libro tras libro, con el mismo fetichismo, esta literatura de chicas tan jóvenes permite a G. afianzar su imagen de seductor. Lo más pernicioso es que estas cartas son asimismo la muestra de que no es el monstruo que la gente describe. Todas estas declaraciones de amor son la prueba tangible de que lo aman y, mejor aún, de que también él sabe amar. Es un procedimiento hipócrita que engaña no solo a sus jóvenes amantes, sino también a sus lectores. Acabé descubriendo la función que cumplían las decenas de cartas que me escribía frenéticamente desde la primera vez que nos vimos. Porque al G. enamorado de adolescentes se añade el escritor. La autoridad y el control psicológico de que goza bastan para empujar a su ninfa del momento a afirmar por escrito que está satisfecha. Las cartas dejan rastro, exigen respuesta, y cuando son de un lirismo ardiente, hay que estar a la altura. Mediante esta orden muda, la adolescente se impone la misión de tranquilizar a G. respecto del placer que le proporciona, de modo que, en caso de que irrumpa la policía, su consentimiento no plantee la menor duda. Por supuesto, es un artista que ha llegado a ser un maestro en la ejecución de la más mínima caricia. Prueba de ello son las cimas inigualables que nos hace alcanzar en el orgasmo.

Estas afirmaciones resultan realmente cómicas sobre todo viniendo de chicas que llegaron vírgenes a la cama de G.

Peor para los fervientes lectores de su diario que se hayan dejado engañar.

Por necesidades económicas, G. publica cada uno de sus libros con precisión de metrónomo, uno por año. Hace unas semanas empezó a escribir sobre nosotros, sobre nuestra historia, sobre lo que él llama «su redención»: una novela inspirada en nuestra relación que dice que será el gran testimonio de este amor «solar», de la «reforma» de su vida disipada gracias al amor de una chica de catorce años. ¡Qué tema tan romántico! Don Juan curado de su frenesí sexual, decidido a no volver a dejarse dominar por sus pulsiones y jurando que es un hombre nuevo, que la gracia ha caído sobre él a la vez que la flecha de Cupido.

Feliz, febril y concentrado, da forma en su máquina de escribir a las notas que ha tomado en un cuaderno negro de Moleskine. Igual que el de Hemingway, me dice. Aún tengo rigurosamente prohibido leer los volúmenes de su diario íntimo y literario. Pero desde que G. ha empezado a escribir esta novela, lo real cambia de bando: poco a poco paso de musa a personaje de ficción.

G. tiene una expresión seria y sombría que no es propia de él. Hemos quedado en una cafetería a la que solemos ir, frente a los jardines del Luxemburgo. Cuando le pregunto qué le preocupa, duda un momento antes de confesarme la verdad. La Brigada de Menores lo ha citado esta mañana, tras haber recibido una carta anónima denunciándolo. Parece que no somos los únicos sensibles al encanto epistolar.

G. ha pasado la tarde escondiendo mis cartas, mis fotos (y quizá otras cosas también comprometedoras) en un baúl en casa de un notario o de un abogado. Lo han citado la semana que viene. Se trata de nosotros, de mí, seguro. La ley establece la mayoría sexual a los quince años. Y yo estoy lejos de haberlos cumplido. La situación es grave. Tenemos que prepararnos para cualquier cosa. ¿Los tiempos habrán dejado de ser tan complacientes?

El jueves siguiente, mi madre espera con un nudo en el estómago noticias de esta citación. Es consciente de que está en juego su responsabilidad. También a ella pueden condenarla por haber aceptado la relación entre su hija y G. Incluso podría perder mi custodia, y yo acabaría con una familia de acogida hasta ser mayor de edad.

Cuando suena el teléfono, corre hacia él, nerviosa. Su cara se relaja unos segundos después. «G. viene hacia aquí, llegará dentro de diez minutos, su tono era tranquilo, creo que ha ido todo bien», dice de un tirón.

G. ha salido de la comisaría, en el Quai de Gesvres, bastante divertido, satisfecho de haber embaucado al inspector y a sus compañeros. «Todo ha ido de maravilla —se jacta en cuanto llega—. Los policías me han asegurado que solo se trataba de una formalidad administrativa. "Recibimos cientos de cartas al día denunciando a famosos, señor, ya sabe", me ha confirmado la inspectora.» Como siempre, G. está convencido de que su irresistible encanto ha funcionado. Y puede que haya sido así.

Los policías le han mostrado la carta que los alertó. Está firmada por «W., una amiga de la madre» y en ella se describe con todo detalle varias cosas que hemos hecho recientemente. Una sesión de cine a la que fuimos. Mi llegada a su casa tal día a tal hora, y la vuelta a la de mi madre dos horas después. El relato de nuestras infamias está salpicado de consideraciones del tipo: «No, pero dense cuenta, es una vergüenza, se cree por encima de la ley», etcétera. La típica carta anónima, un modelo del género, casi una parodia. Me quedo petrificada. Un detalle extraño es que la carta me hace un año más joven, sin duda para acentuar la gravedad de los hechos. Se refiere a la «pequeña V., de trece años». Pero ¿quién ha podido pasar tanto tiempo espiándonos? Y además esa firma rara, como si hubiera dejado una pista para que se pueda intentar adivinar la identidad del autor. Si no, ¿por qué esa inicial?

Mi madre y G. se ponen a hacer conjeturas de lo más disparatadas. Pensamos en todos nuestros amigos como posibles autores de la carta anónima. Podría ser la vecina del segundo piso, una mujer mayor, profesora de literatura, que cuando era niña me llevaba algunos miércoles a la Comédie-Française. ¿Nos habrá sorprendido besándonos en la boca en una esquina? Seguro que sabe quién es G. (al fin y al cabo, es profesora de literatura), y además vivió la Ocupación, época en la que no se avergonzaban de enviar este tipo de cartas. Pero lo que nos desconcierta es la «W», demasiado moderna para ella. Sin duda *W o el recuerdo de la infancia*, de Georges Perec, no forma parte del panteón literario de la señora Latreille, cuyos referentes no deben de pasar de finales del siglo XIX. ¿Quizá sea Jean-Didier Wolfromm, famoso crítico literario, probablemente aficionado a los pastiches, como a veces lo son las personas que no consiguen escribir en primera persona del singular? O que sencillamente ya no consiguen escribir, aunque lo hayan convertido en su profesión. G. está seguro de que es él. De entrada, la inicial coincide. «Además es amigo de tu madre y quiere protegerte.»

Es cierto que Jean-Didier me invita a comer de vez en cuando y me anima a escribir, a saber por qué. «V., tienes que escribir —suele decirme—. Y a escribir, bueno, puede parecer una idiotez, pero se empieza sentándose y... escribiendo. Todos los días. Sin falta.»

Todas las habitaciones de su casa están atestadas de libros. Siempre me marcho con un montón bajo el brazo, ejemplares que le mandan los departamentos de prensa de las editoriales. Me selecciona unos cuantos. Me da consejos. Aunque tiene fama de ser de una maldad despiadada, yo lo quiero mucho. Es muy divertido, a menudo a costa de los demás, pero me cuesta imaginar que pudiera hacer algo así. Atacar a G. es atacarme a mí.

Desde hace mucho tiempo, seguramente porque mi padre me dejó en la estacada, Jean-Didier me ve crecer con cariño. Y soy consciente de que está muy solo. He visto en su casa la bañera manchada de tinta violeta, donde todos los días tiene que bañarse con permanganato debido a una enfermedad cutánea espantosa. Tiene siempre la cara y las manos irritadas, rojas y llenas de estrías blanquecinas. Manos extraordinarias que me fascinan, tan hábiles para sujetar un bolígrafo, aunque, junto con todo lo demás, están torcidas por la poliomielitis. Curiosamente, su físico nunca me ha provocado rechazo. Siempre lo beso como si nada. Sé que detrás de su sufrimiento y de su aparente maldad se oculta una persona amable y buena.

—¡Estoy seguro de que es ese cabrón! —grita G.—. Siempre me ha envidiado porque es un monstruo. No soporta que se pueda ser guapo y tener talento a la vez. Siempre me ha parecido repugnante. Y además, estoy seguro de que solo piensa en acostarse contigo.

—Pero ¿esa W. no es demasiado evidente? Ya puestos, podría haber firmado con su nombre.

Intento defender al pobre Jean-Didier, aunque en el fondo me digo que es lo bastante retorcido para haberse inventado esa artimaña si su objetivo fuera meter a G. en la cárcel.

—También podría ser Denis —dice G.

Denis es editor, de nuevo un amigo de mi madre. Una noche que estaba cenando en casa con otros amigos, se levantó de la mesa cuando G. llegó y se metió con él bruscamente. Mi madre tuvo que pedirle a Denis que se marchara, y él se marchó sin hacerse de rogar. Una de las poquísimas personas, si no la única, que intentó interponerse entre G. y yo, y expresó públicamente su indignación. Pero ¿quiere eso decir que él envió la carta anónima? No es su estilo, la verdad… ¿Por qué recurrir a un medio tan mezquino después de haber ido de frente?

—¿Mi antigua maestra, quizá? Sigue viviendo en el barrio y nos vemos a menudo. Nunca le he hablado de ti, pero puede que por casualidad se haya cruzado con nosotros por la calle y nos haya visto cogidos de la mano. Seguro que le daría un ataque… O ese otro editor, Martial, el que tiene el despacho abajo, en el patio, y que ha podido vernos cien veces entrando y saliendo. Aunque apenas lo conocemos. ¿Es él, «una amiga de la madre»?

¿Mis compañeras de instituto? Demasiado jóvenes para recurrir a un procedimiento tan sofisticado. No es su estilo…

¿Y por qué no mi padre? No he vuelto a saber de él desde que montó el escándalo en el hospital. Hace unos años pensaba en abrir una agencia de detectives privados. ¿Habrá llevado a cabo su proyecto y decidido seguir la pista a su hija? No puedo evitar considerar esta opción. Le oculto a G., y seguramente a mí misma, que en el fondo esta perspectiva me produce cierto placer. Al fin y al cabo, ¿el papel de un padre no es proteger a su hija? Eso significaría que sigo importándole… Pero ¿por qué utilizar ese medio retorcido de la carta anónima en lugar de presentarse en persona en la Brigada de Menores? Absurdo. No, no es él. Bueno, quién sabe, es tan imprevisible…

En dos horas hemos pasado lista a todos nuestros conocidos e imaginado las situaciones más improbables. Y al final de este primer consejo de guerra, todo mi entorno ha pasado a ser sospechoso de haber escrito esa carta. G. no desconfía de ninguno de sus enemigos. Hay demasiados detalles sobre mí. «Solo puede ser un amigo vuestro», sentencia lanzándole una mirada gélida a mi madre.

La Brigada de Menores volverá a llamar a G. en cuatro ocasiones. Porque durante varios meses la policía recibirá una serie de cartas. Cada vez más rastreras y cada vez más entrometidas. G. podrá acceder a la mayoría de ellas.

Para los amigos de mi madre, nuestra relación es un secreto a voces, pero más allá de este círculo de iniciados es preciso ser prudente. Tenemos que ser muy discretos. Ahora me siento como un animal perseguido. La sensación de que nos espían en todo momento me genera un sentimiento de paranoia, al que se añade el de culpa constante. Intento pasar inadvertida por la calle y doy rodeos cada vez más enrevesados para ir a casa de G. Ya nunca llegamos juntos. Primero llega él, y yo me reúno con G. media hora después. Ya jamás vamos de la mano. Ya no cruzamos juntos los jardines del Luxemburgo.

Tras la tercera citación al Quai de Gesvres, de nuevo «puramente formal», según la policía, G. empieza a ponerse nervioso de verdad.

Una tarde que acabo de pasar en su casa, entre sus sábanas, bajamos a toda prisa por la escalera, porque me he retrasado, y a punto estoy de chocarme con una pareja joven que sube. Los saludo educadamente y sigo bajando. Cuando llegan a la altura de G., los oigo dirigirse a él. ¿Señor M.? Brigada de

Menores. Parece que incluso los polis ven los programas literarios de la tele, porque estos dos, aunque nunca lo han visto personalmente, reconocen enseguida la cara de G. Soy yo, les contesta con tono suave y relajado—. ¿En qué puedo servirlos? Su sangre fría me sorprende, porque yo tiemblo como una hoja. ¿Tengo que echar a correr, esconderme en un hueco de la escalera, gritar para defenderlo y proclamar mi amor o distraerlos a fin de que pueda escapar? No tardo en darme cuenta de que no va a ser necesario. Dialogan con tono amable. Nos gustaría hablar con usted, señor M. Por supuesto, pero ahora mismo tengo que ir a firmar libros a una librería. ¿Podrían volver en otro momento? Desde luego, señor M.

G. me mira y dice: Permítanme que me despida de esta joven estudiante que ha venido a preguntarme por mi trabajo. Me estrecha la mano y me guiña un ojo. Es solo una visita rutinaria, dice la mujer. Ah, no vienen a detenerme, si lo he entendido bien. (Risas.) Claro que no; en fin, señor M., podemos volver mañana si le va bien.

G. no tiene que preocuparse por si registran su casa. En su estudio ya no queda ni rastro de mi presencia en su vida. Pero, si no me equivoco, nos hemos librado por poco de que nos sorprendieran en flagrante delito.

¿Por qué ninguno de los dos inspectores me presta atención a mí, que soy una adolescente? Las cartas mencionan a una «pequeña V., de trece años». Cierto, tengo catorce y tal vez parezca un poco mayor.

En cualquier caso, que yo suscite tan pocas sospechas me deja atónita.

En adelante, G. alquila una habitación de hotel durante todo el año para escapar de las visitas de la Brigada de Menores (que él llama «persecuciones»). Ha elegido un hotel sin pretensiones porque su ubicación es ideal: al otro lado de la calle que da a mi instituto y pegado a un bar al que G. va muy a menudo. Un generoso mecenas, incondicional de su obra, financia esta importante inversión. ¿Cómo escribir, si no, con la policía siempre encima? El arte ante todo.

Al igual que en su minúsculo estudio cerca del Luxemburgo, lo primero que se ve al entrar es una cama enorme presidiendo el centro de la habitación. Como G. pasa más tiempo tumbado que sentado o de pie, tanto su vida como la mía tenderán permanentemente hacia esa cama. Duermo cada vez más a menudo en esa habitación, y ya solo paso por casa de mi madre si me lo exige.

Un día comunican a G. que un hongo maligno está afectándole a la vista. La primera hipótesis que consideran es el VIH. Esperamos los resultados de la prueba durante una larga y angustiosa semana. No tengo miedo, ya me veo como una heroína trágica: si hay que morir de amor, ¡qué honor y qué privilegio! Es lo que le murmuro a G. abrazándolo con ternura. Él parece mucho menos tranquilo. Un amigo suyo está agonizando, la enfermedad le ha afectado a la piel, que se cubre de una especie de lepra oscura. G. sabe que ese virus es implacable, que conlleva el deterioro físico y que la muerte es inevitable. Y nada le horroriza más que la degradación física. La angustia se hace patente en el más mínimo de sus gestos.

Ingresan a G. en el hospital para realizarle todas las pruebas necesarias y suministrarle el tratamiento adecuado. Se descarta la posibilidad de sida. Un día suena el teléfono. Estoy junto a su cama, en la habitación del hospital. Una mujer muy educada quiere hablar con G. Le pregunto quién es, y me contesta con tono solemne:

—El presidente de la República está esperando.

Me entero después de que G. siempre lleva en la cartera una carta del presidente que ensalza su estilo y su inmensa cultura.

Para G., esa carta es una llave maestra. Cree que podría salvarlo si lo detienen.

Al final, G. se queda poco tiempo en el hospital. Tras haber difundido el rumor de que tenía sida (es más fácil cuando se está seguro de no tenerlo), siempre lleva unas gafas de sol nuevas, que le cubren aún más la cara, y un bastón. Empiezo a entender su juego. Le gusta dramatizar su situación. Que lo compadezcan. Instrumentaliza todos los episodios de su vida.

Con motivo del lanzamiento de su nuevo libro, invitan a G. al programa literario más famoso de la televisión, la Meca de los escritores. Me pide que lo acompañe.

En el taxi que nos lleva a los estudios, pego la nariz al cristal y contemplo distraídamente la consecución de fachadas centenarias a la luz de las farolas, los monumentos, los árboles, los transeúntes y a los enamorados. Acaba de anochecer. G. lleva puestas sus eternas gafas negras. Pero desde hace unos minutos siento la hostilidad de su miradas detrás del plástico opaco.

—¿Cómo es qué te ha dado por maquillarte? —acaba preguntándome.

—No… no sé, es una noche muy especial, quería estar guapa para ti, para complacerte…

—¿Y qué te hace pensar que me gustas así, toda pintarrajeada? Quieres parecer una «mujer», ¿verdad?

—No, G., solo quería estar guapa para ti, nada más.

—Pero me gustas al natural, ¿no lo entiendes? No necesitas hacer esas cosas. Así no me gustas.

Me trago mis sollozos, avergonzada por la presencia del taxista, seguramente convencido de que mi padre me está pegando la bronca con razón. ¡Maquillarme como una puta a mi edad! ¿Y para ir adónde?

Se ha ido todo a la mierda. La noche será un desastre, se me ha corrido el rímel y estoy segura de que ahora estoy hecha un adefesio. Tendré que saludar a desconocidos, a adultos que se mirarán con complicidad al verme del brazo de G., y tendré que sonreír para no dejarlo en mal lugar, como cada vez que me presenta a sus amigos. Pero yo podría cortarme las venas ahora mismo, porque acaba de romperme el corazón diciéndome que así ya no le gusto.

Una hora después, en el estudio de grabación, ya reconciliados tras varias caricias y palabras cariñosas, tras haberme cubierto de besos y haberme llamado una y otra vez su «niña querida» y su «guapa colegiala», estoy sentada entre el público, rebosante de admiración.

Tres años más tarde, G. participará en ese mismo programa, cuyo nombre, *Apostrophes*, nunca habrá sido más adecuado, porque lo menos que puede decirse es que lo «apostrofarán», y no poco. Años después encontré un extracto en internet. Esta grabación es mucho más conocida que la que yo presencié, porque en 1990 G. no va a defender un inofensivo diccionario filosófico, sino el último volumen de su diario íntimo.

En un extracto que aún puede encontrarse en vídeo, el ilustre maestro de ceremonias enumera la lista de conquistas de G. y bromea con tono amablemente desaprobador sobre la «escudería de jóvenes amantes» de la que G. se jacta.

Aparecen planos de los demás invitados, sonrientes; tampoco ellos expresan apenas la menor reprobación, cuando el famoso presentador se entusiasma y esta vez da rienda suelta a su ironía: «¡Pero usted es un coleccionista de niñitas!». Hasta aquí, todo va bien. Risas cómplices, y cara enrojecida y falsamente humilde de G.

De repente, una invitada, una sola, arremete contra esta hermosa armonía y emprende sin contemplaciones una ejecución en toda regla. Se llama Denise Bombardier y es una escritora canadiense. Dice que le escandaliza la presencia en una cadena de televisión francesa de un personaje tan odioso, de un perverso conocido por defender y practicar la pedofilia. Cita la edad de las famosas amantes de G. M. («¡Catorce años!») y añade que en su país sería impensable tal aberración, que están más avanzados respecto de los derechos de los niños. ¿Y cómo les va después a todas esas niñas a las que describe en sus libros? ¿Alguien ha pensado en ellas?

La respuesta es inmediata, aunque vemos que a G. le han sorprendido estos ataques. Muy enfadado, corrige: «No hay ninguna niña de catorce años, hay chicas jóvenes de dos o tres años más y con edad suficiente para vivir el amor». (Es evidente que conoce el Código Penal.) Prosigue asegurando que ella ha tenido mucha suerte de haber dado con un hombre tan amable y educado como él, que no va a rebajarse a su nivel de insultos, y concluye, sin dejar de mover las manos de ese modo femenino que se supone que tranquiliza respecto de la bondad de sus intenciones, que ninguna de las chicas mencionadas se ha quejado jamás de la relación que mantuvo con él.

Fin de la partida. El escritor famoso gana a la marimacho, que en ese momento queda como una malfollada que envidia la felicidad de chicas mucho más satisfechas que ella.

Si G. hubiera recibido estas críticas delante de mí, la noche en que lo escucho en silencio, sentada entre el público, ¿cómo habría reaccionado yo? ¿Lo habría defendido instintivamente? ¿Habría intentado explicarle a esa mujer, después de la grabación, que estaba equivocada, y que no, nadie me obligaba a estar ahí? ¿Habría entendido que a quien esa mujer intentaba proteger era a mí, escondida entre los espectadores, o a cualquier otra como yo?

Pero esta vez no habrá discusiones, ninguna salida de tono durante esa gran ceremonia. El libro de G., muy serio, no se presta a ello. Coro de alabanzas y luego una copa entre bastidores. G. me presenta a todo el mundo, como siempre, con evidente orgullo. Bonita manera de confirmar una vez más la veracidad de sus escritos. Las adolescentes forman parte de su vida. Y nadie se sorprenderá lo más mínimo, ni parecerá siquiera incómodo, ante el contraste entre G. y mis mejillas regordetas de niña, sin maquillaje ni estragos de la edad.

Retrospectivamente, me doy cuenta del valor que tuvo que reunir la escritora canadiense para rebelarse ella sola contra la complacencia de toda una época. Hoy en día, el tiempo ha hecho su labor, y ese extracto de *Apostrophes* se ha convertido, para bien o para mal, en un «hito» televisivo.

Y desde hace mucho tiempo ya no invitan a G. a programas literarios para que se jacte de sus conquistas colegialas.

Las sucesivas amenazas, primero las cartas anónimas denunciándolo y después el miedo a que los dos tuviéramos sida, afianzaron nuestro amor. Tener que esconderse, desaparecer, huir de la mirada intrusa de los testigos, de los envidiosos, gritar en una sala de audiencia que lo amo más que a nada mientras esposan a mi amado... Morir uno en los brazos del otro, con la piel consumida, pegada a los huesos, pero con un solo corazón que late exclusivamente por el otro... La vida con G. parece más que nunca una novela. ¿Será trágico su final?

En algún lugar hay un camino que seguir, o por descubrir. Es lo que dicen los taoístas. El camino de la exactitud. La palabra correcta, el gesto perfecto y la sensación irrefutable de estar donde se debe estar, en el momento adecuado. El lugar en que estaría la verdad desnuda, por así decirlo.

A los catorce años, se supone que un hombre de cincuenta no te espera a la salida del instituto, se supone que no vives con él en un hotel ni te encuentras en su cama, con su pene en la boca, a la hora de la merienda. Soy consciente de todo ello. Pese a mis catorce años, algo de sentido común tengo. De algún modo, convertí esa anormalidad en mi nueva identidad.

Por el contrario, cuando mi situación no sorprende a nadie, intuyo que a mi alrededor algo no funciona bien.

Y cuando después terapeutas de todo tipo se empeñen en explicarme que he sido víctima de un depredador sexual, me parecerá que tampoco ese es el «camino intermedio». Que no es del todo exacto.

Aún no he acabado con la ambivalencia.

4

El abandono

A menos que se me pruebe que [...] un maníaco ha privado de su niñez a una niña llamada X, no concibo para mi tormento otro tratamiento que [...] el muy local paliativo del arte expresado con claridad y precisión.

VLADIMIR NABOKOV, *Lolita*

G. escribe prácticamente noche y día. Su editor espera un manuscrito para final de mes. Una etapa que he aprendido a identificar. Es el segundo libro que va a publicar desde que nos conocimos, hace un año. Desde la cama, sigo con la mirada la línea angulosa de sus hombros, inclinados sobre la pequeña máquina de escribir rescatada del estudio, del que tuvimos que huir. Su espalda desnuda es perfectamente lisa. Sus músculos, finos, y lleva una toalla alrededor de la estrecha cintura. Ahora sé que la esbeltez de este cuerpo tiene un precio. Incluso un precio muy alto. G. va dos veces al año a una clínica suiza especializada, donde se alimenta casi exclusivamente de ensalada y semillas, donde están prohibidos el alcohol y el tabaco, y de donde cada vez vuelve cinco años más joven.

Esta coquetería no se ajusta a mi idea de un hombre de letras. Pero de ese cuerpo casi lampiño, tan delgado y flexible, tan rubio y firme, es del que me enamoré. Aunque habría preferido no enterarme de los secretos de conservación.

En la misma línea, descubrí que G. sentía auténtica fobia por todo tipo de alteración física. Un día, duchándome, observo que tengo la piel del pecho y de los brazos cubierta de manchas rojas. Salgo corriendo del cuarto de baño, desnuda y aún empapada, para mostrarle las marcas. Pero al ver la envergadura de la erupción cutánea de mi cuerpo, se queda horrorizado, se tapa los ojos con una mano y me dice sin mirarme:

—Pero ¿por qué me lo muestras? ¿Quieres que te tenga asco o qué?

En otra ocasión, nada más salir del instituto, me siento en la cama y contemplo mis zapatos llorando. Un denso silencio se instala en la habitación. He tenido la mala suerte de nombrar a un compañero de clase que me ha invitado a un concierto.

—¿Un concierto de qué?

—De los Cure. New wave. Me ha dado vergüenza, ¿lo entiendes? Todo el mundo parecía conocerlos menos yo.

—¿El qué?

—A los Cure.

—¿Y puedes decirme qué piensas hacer en un concierto de new wave, aparte de fumar canutos y mover la cabeza como una imbécil? Y además, ¿por qué te invita ese tío si no es para sobarte entre canción y canción, o peor aún, para llevarte a un rincón oscuro y besarte? Espero que al menos le hayas dicho que no.

Cuando estoy a punto de cumplir quince años, G. se empeña en controlar todos los aspectos de mi existencia. De alguna manera se ha convertido en mi tutor. No debo comer tanto chocolate para evitar el acné. Debo cuidar mi línea en general. Dejar de fumar (fumo como una carretera).

Mi conciencia no se queda atrás. Todas las noches me lee el Nuevo Testamento y se asegura de que he entendido bien el significado del mensaje de Cristo en cada una de las parábolas. Le sorprende mi total incultura en este ámbito. Yo, la atea, sin bautizar, hija de una feminista del 68, me rebelo de vez en cuando ante el trato que reciben mis congéneres en ese texto, que la mayoría de las veces me parece, además de misógino, repetitivo y abstruso. Pero en el fondo tampoco me quejo del descubrimiento. Al fin y al cabo, la Biblia es un texto literario como cualquier otro. No, replica G., es el Texto del que surgen todos los demás.

Entre caricia y caricia, me enseña también a rezar el avemaría entero, en francés y después en ruso. Tengo que saberme la oración de memoria y recitarla mentalmente por las noches, antes de acostarme.

Pero ¿qué mierda teme? ¿Que vaya al infierno con él?

«La Iglesia está hecha para los pecadores», me contesta.

G. se ha marchado a Suiza dos semanas a hacerse la cura de rejuvenecimiento. Me ha dejado las llaves de la habitación del hotel y del estudio del Luxemburgo. Puedo pasarme por allí, si quiero. Una noche acabo transgrediendo el tabú y decido leer los libros prohibidos. De un tirón, como una sonámbula. No salgo en dos días.

La pornografía de algunos pasajes, apenas disimulada bajo la cultura refinada y el dominio estilístico, me provoca arcadas. Me detengo en un párrafo concreto en el que, durante un viaje a Manila, G. sale a buscar «culos frescos». «Los niños de once o doce años que meto aquí en mi cama son una rara guindilla», escribe un poco más adelante.

Pienso en sus lectores. De repente imagino a viejos asquerosos —a los que enseguida asigno un físico también repugnante— electrizados por estas descripciones de cuerpos juveniles. Al convertirme en protagonista de las novelas de G., de sus cuadernos negros, ¿me convertiré también yo en el soporte de prácticas masturbatorias para lectores pedófilos?

Si G. es efectivamente el pervertido que tantas veces me han dicho, el cabrón absoluto que, por el precio de un billete de avión a Filipinas, se regala una orgía de cuerpos de niños de once años y justifica sus actos comprándoles una cartera, ¿eso me vuelve también a mí un monstruo?

Intento expulsar esta idea de inmediato. Pero el veneno ha entrado y empieza a extenderse.

Son las ocho y veinte de la mañana. Esta semana, por tercera vez, no he conseguido cruzar el umbral del instituto. Me he levantado, me he duchado y me he vestido. Me he bebido mi té de un trago, me he colgado la mochila y he bajado la escalera de la casa de mi madre (G. sigue de viaje). Hasta el patio del edificio la cosa ha ido bien. Pero en la calle se va todo a pique. Miedo a las miradas y miedo a cruzarme con algún conocido al que tenga que dirigir la palabra. Un vecino, un tendero o un compañero de clase. Intento pasar inadvertida, doy rodeos increíbles y me meto por las calles menos concurridas. Cada vez que veo mi reflejo en un cristal, me quedo inmóvil y me cuesta mucho volver a ponerme en movimiento.

Pero hoy me siento decidida y fuerte. No, esta vez no cederé al pánico. Y luego, ya casi en la puerta del instituto, veo algo. Primero los porteros, ocultos entre las sombras, controlan los carnets de estudiante. Luego decenas de mochilas se empujan para abalanzarse hacia la ruidosa y desordenada colmena del patio central. Un enjambre bullicioso y hostil. No falla. Doy media vuelta y avanzo por la calle en sentido contrario hasta el mercado, sin aliento, con el corazón latiendo a toda velocidad y sudando como si hubiera cometido un delito. Culpable y sin defensa.

Me refugio en un bar del barrio en el que he decidido vivir cuando no estoy en el hotel. Aquí puedo quedarme horas sin que nadie venga a molestarme. El camarero siempre es discreto. Me observa escribir mi diario o leer en silencio entre los dispares clientes habituales. Nunca dice nada fuera de lugar. No me pregunta por qué no estoy en clase. No me exige que consuma más que un café y un vaso de agua, aunque me quede tres horas en esta sala fría y anónima donde el sonido del pinball surge de vez en cuando entre el tintineo de los vasos y las tazas al entrechocar.

Empiezo a recuperar el aliento. Tengo que centrarme. Respirar. Pensar. Tomar una decisión. Intento escribir varias frases a toda prisa en una libreta. Pero ya no se me ocurre nada. Vivir con un escritor y no tener la más mínima inspiración es el colmo.

Son las nueve menos veinticinco. A tres calles de aquí ha sonado el timbre. Los alumnos han subido la escalera, se han sentado de dos en dos y han sacado las libretas y los estuches. El profe ha entrado en el aula. Todo el mundo se calla mientras pasa lista. Al llegar a las últimas letras del abecedario, pronuncia mi nombre sin levantar siquiera los ojos hacia el fondo de la clase. «Ausente, como siempre», dice con tono hastiado.

Desde que G. ha vuelto, unas harpías se presentan a todas horas delante de la puerta de la habitación del hotel. Se las oye llorar en el rellano. A veces pasan una nota por debajo del felpudo. Una tarde él sale a hablar con una de ellas y cierra la puerta para que no oiga su conversación. Gritos, aspavientos y luego sollozos ahogados y susurros. Todo va bien. Ha conseguido que la valquiria entrara en razón y se marchara escalera abajo a toda prisa.

Cuando le pido explicaciones, me dice que son fans que lo han seguido por la calle o han conseguido su dirección no sabe cómo, la mayoría de las veces a través de su editor, al que no preocupa demasiado su tranquilidad (siempre carga con las culpas).

Luego me dice que vuelve a marcharse, esta vez a Bruselas, donde lo han invitado a firmar en una librería y va a participar en una feria del libro. Me quedaré sola en el hotel una vez más. Pero dos días después, el sábado, caminando por la calle con una amiga, lo veo del brazo de una chica joven en la acera de enfrente. Me doy la vuelta como una autómata intentando ahuyentar la visión. Es imposible. G. está en Bélgica, me lo ha jurado.

Conocí a G. cuando yo tenía trece años. Nos convertimos en amantes cuando tenía catorce, ahora tengo quince y no puedo comparar con nada porque no he conocido a ningún otro hombre. Pero no tardo en darme cuenta del carácter repetitivo de nuestras sesiones amorosas, de las dificultades de G. para mantener la erección, de sus laboriosos subterfugios para conseguirlo (meneársela frenéticamente mientras le doy la espalda), del carácter cada vez más mecánico de nuestras relaciones, del aburrimiento, del miedo a hacer cualquier crítica y de la dificultad, casi insuperable, de sugerirle un deseo que no solo rompería nuestra rutina, sino que además aumentaría mi placer. Desde que he leído los libros prohibidos, los que despliegan su colección de amantes y detallan sus viajes a Manila, algo viscoso y sórdido cubre todos los momentos de intimidad, en los que ya no veo el menor rastro de amor. Me siento envilecida, y más sola que nunca.

Pero nuestra historia era única, y sublime. A fuerza de repetírmelo G., yo había acabado por creer en esa trascendencia. El síndrome de Estocolmo no es solo un rumor. ¿Por qué una adolescente de catorce años no podría amar a un hombre treinta años mayor que ella? Cien veces había dado vueltas mentalmente a esta pregunta. Sin darme cuenta de que estaba mal planteada, desde el principio. Lo que había que cuestionar no era mi atracción, sino la suya.

La situación habría sido muy diferente si, a la misma edad, me hubiera enamorado locamente de un hombre de cincuenta años que, pese a las normas morales, hubiera sucumbido a mi juventud después de haber mantenido relaciones con muchas mujeres de su edad, que no hubiera podido resistirse al flechazo y hubiera cedido por una vez, pero solo una, a ese amor por una adolescente. Sí, entonces de acuerdo. Nuestra pasión extraordinaria habría sido sublime, es cierto, si hubiera sido yo la que lo hubiera empujado a infringir la ley por amor, si G. no hubiera repetido la misma historia cien veces en su vida; quizá habría sido única e infinitamente novelesca si yo hubiera estado segura de ser la primera y la última; en definitiva, si yo hubiera sido una excepción en su vida sentimental. En ese caso, ¿cómo no perdonarle la transgresión? El amor no tiene edad. No es esa la cuestión.

En realidad, ahora sabía que, en relación con la existencia de G., su deseo por mí era infinitamente redundante y de una triste banalidad, que era producto de la neurosis, de una adicción incontrolable. Quizá yo fuera la más joven de sus conquistas en París, pero sus libros estaban llenos de otras Lolitas de quince años (un año no es tanta diferencia), y si él hubiera vivido en un país menos atento a la protección de los menores, mis catorce años le habrían parecido insignificantes comparados con los once de un niño de ojos achinados.

G. no era un hombre como los demás. Solo mantenía relaciones sexuales con niñas vírgenes o niños apenas púberes para narrarlo en sus libros. Como hacía conmigo apoderándose de mi juventud con fines sexuales y literarios. Gracias a mí, cada día saciaba una pasión prohibida por la ley, y no tardaría en enarbolar triunfalmente esta victoria en una nueva novela.

No, ese hombre no albergaba los mejores sentimientos. Ese hombre no era bueno. Era lo que aprendemos a temer desde niños: un ogro.

Nuestro amor era un sueño tan potente que nada, ni una sola de las pocas advertencias de mi entorno, había bastado para despertarme. Era la pesadilla más perversa. Era una violencia innombrable.

El sortilegio se disipa. Ya era hora. Pero ningún príncipe azul viene a ayudarme a cortar la jungla de lianas que me retiene aún en el reino de las tinieblas. A medida que pasan los días, descubro una nueva realidad. Una realidad que todavía me resisto a aceptar del todo, porque me destruiría.

Pero ante G. ya no me molesto en ocultar ninguna de mis dudas. Lo que descubro de él, y que hasta ahora G. había intentado disimular, me subleva. Intento entenderlo. ¿Qué tiene de placentero tirarse a niños en Manila? ¿Y por qué esa necesidad de acostarse con diez niñas a la vez, como se jacta en su diario? En definitiva, ¿quién es realmente?

Cuando intento que me conteste, elude mis preguntas atacándome. Dice que soy una quisquillosa insoportable.

—¿Y tú quién eres con tantas preguntas? ¿Una versión moderna de la Inquisición? ¿Una feminista, quizá? ¡Lo único que faltaba!

A partir de esta época, me suelta a diario el mismo rollo:

—Estás loca, no sabes disfrutar del momento, como todas las mujeres, por lo demás. Ninguna mujer es capaz de disfrutar del momento, parece que lo lleváis en los genes. Sois unas insatisfechas crónicas, siempre prisioneras de vuestra histeria.

Y de repente caen en el olvido las palabras cariñosas, los «mi niña querida» y «mi guapa colegiala».

—Te recuerdo que solo tengo quince años, como sabes, así que no puede decirse que sea una «mujer». Además, ¿qué sabes tú de las mujeres? Superada la barrera de los dieciocho años, ya no te interesan para nada.

Pero no estoy a la altura de librar con él una batalla verbal. Soy demasiado joven e inexperta. Frente a él, el escritor y el intelectual, carezco dramáticamente de vocabulario. No conozco la expresión «pervertido narcisista», ni «depredador sexual». No sé lo que es una persona para la que los demás no existen. Sigo creyendo que la violencia es solo física. Y G. maneja las palabras como una espada. Con una sola frase puede darme una estocada y acabar conmigo. Imposible librar una batalla en igualdad de condiciones.

Sin embargo, soy lo bastante mayor para vislumbrar la impostura de la situación y entender que todos sus juramentos de fidelidad y sus promesas de dejarme los más maravillosos recuerdos solo eran una mentira más al servicio de su obra y de sus deseos. Ahora me sorprendo odiándolo por haberme encerrado en esa ficción que no deja de escribir, libro tras libro, y en la que se otorgará siempre el mejor papel. Es un fantasma totalmente apresado por su ego y al que pronto llevarán a la plaza pública. Ya no soporto que haya convertido el disimulo y la mentira en una religión, y su trabajo de escritor en una coartada para justificar su adicción. Su juego ya no me engaña.

Ahora la menor de mis palabras se vuelve en mi contra. Su diario se ha convertido en mi peor enemigo, el filtro con el que G. tamiza nuestra historia y la transforma en pasión enfermiza de la que soy la única artífice. En cuanto empiezo a reprocharle algo, corre a coger la pluma: Ya verás, guapa, espera, y ¡plaf!, un tremendo retrato tuyo en mi cuaderno negro.

Como me rebelo, como ya no me hace feliz meterme entre sus sábanas entre clase y clase, tiene que deshacerse de mí. Mediante la fuerza de la palabra escrita, convierte a la «pequeña V.» en una niña inestable devorada por los celos, y cuenta lo que le apetece. Ahora soy un personaje condenado a desaparecer, como las chicas anteriores, que no tardará en borrar de las páginas de su maldito diario. Para sus lectores, no son más que palabras, literatura. Para mí, el principio del desmoronamiento.

Pero ¿qué valor tiene la vida de una adolescente anónima comparada con la obra literaria de un ser superior?

Sí, el cuento de hadas llega a su fin, se ha roto el hechizo, y el príncipe azul ha mostrado su verdadero rostro.

Una tarde, al volver del instituto, entro en la habitación del hotel y veo que no hay nadie. G. está afeitándose en el cuarto de baño. Dejo la cartera en una silla y me siento en el borde del colchón. Uno de sus cuadernos negros está tirado de cualquier manera en la cama. Abierto por la página en la que G. acaba de escribir unas líneas con la tinta azul turquesa, que se ha convertido por sí misma en su firma: «16.30. He ido a recoger a Nathalie al instituto. Cuando me ha visto, desde el otro lado de la calle, en la acera de enfrente, se le ha iluminado la cara. Parecía brillar como un ángel entre los jóvenes que la rodeaban... Hemos pasado un momento maravilloso, divino, es muy apasionada. No me sorprendería que esta jovencita adquiriera en el futuro más importancia en estos cuadernos».

A medida que las palabras se desprenden de la página y me rodean como un enjambre de demonios, todo el universo se desmorona a mi alrededor, los muebles de la habitación no son más que ruinas humeantes y las cenizas flotan en el aire, ahora irrespirable.

G. sale del baño. Me encuentra llorando, con los ojos enrojecidos y señalando, incrédula, el cuaderno entreabierto. Se queda pálido. Luego estalla de rabia:

—Pero ¿cómo te atreves a montarme una escena y alterar mi trabajo cuando estoy escribiendo mi novela? ¿Te imaginas por un segundo la presión a la que estoy sometido en este momento, te haces una idea de la energía y la concentración que me exige lo que hago? No tienes ni idea de lo que es ser un artista, un creador. De acuerdo, no voy a trabajar a una fábrica, pero los tormentos por los que paso cuando escribo…, no, no tienes ni idea de lo que son. Lo que acabas de leer solo es el borrador de una futura novela, no tiene nada que ver con nosotros ni contigo.

Esa mentira ya es demasiado. Por más que tenga quince años recién cumplidos, no puedo evitar considerarlo un insulto a mi inteligencia, una negación de toda mi persona. Esta traición de todas sus bonitas promesas, esta muestra de su auténtica naturaleza, me atraviesa como un puñal. Entre nosotros ya no queda nada que salvar. Me ha engañado, me ha timado y me ha abandonado a mi suerte. Y solo puedo arremeter contra mí misma. Paso una pierna por el alféizar de la ventana, dispuesta a saltar al vacío. Me agarra en el último momento. Me marcho dando un portazo.

Siempre he tendido a lo errático y siento una atracción incomprensible por los vagabundos, con los que charlo a la menor oportunidad. Deambulo varias horas por el barrio totalmente aturdida, en busca de un alma gemela, de un ser humano con quien hablar. Me siento debajo de un puente, al lado de un viejo harapiento, y me echo a llorar. El hombre apenas enarca una ceja y murmura unas palabras en un idioma que no conozco. Nos quedamos un rato en silencio, viendo pasar las barcazas, y luego sigo mi camino, sin rumbo concreto.

Me descubro de repente junto a un edificio señorial en cuya primera planta vive un amigo de G., un filósofo de origen rumano al que al principio de nuestra relación me presentó como su mentor.

Entro en el portal sucia, con el pelo enredado y rastros de roña en la cara tras haberme arrastrado por el suelo de las calles de este barrio, en el que cada librería, cada línea de la acera y cada árbol me devuelven a G. Temblando, con tierra debajo de las uñas, empapada en sudor, debo de parecer una joven squaw que acaba de parir detrás de un arbusto. Subo los escalones de una escalera tapizada por una alfombra oscura con pasos silenciosos, aunque con el corazón latiéndome a toda velocidad, llamo a la puerta, me ruborizo y los sollozos se me quedan atrapados al fondo de la garganta. Una mujer bajita de cierta edad me abre, me dirige una mirada amable, le digo que lamento molestarles, que me gustaría ver a su marido, si está, y la mujer de Emil de repente parece asustada al ver mi aspecto descuidado. «¡Emil, es V., la amiga de G.!», grita desde la puerta; luego corre por un pasillo que lleva a la cocina, y por el sonido metálico que sale de ella supongo que está hirviendo agua, seguramente para preparar té.

Cioran entra en la sala, enarca una ceja, un gesto de sorpresa discreto, aunque elocuente, y me invita a sentarme. No es preciso más para que se me salten las lágrimas. Lloro como un bebé que busca a su madre, y estoy intentando limpiarme con la manga los mocos que me salen por la nariz cuando me tiende una toalla bordada para que me suene.

La confianza ciega que me ha llevado a su casa solo responde a una cosa: se parece a mi abuelo, también de la Europa del Este, con el pelo blanco peinado hacia atrás y grandes entradas, los ojos azules penetrantes, la nariz aguileña y un acento que se corta con cuchillo («¿Assúcar?, ¿tchocolate?», dice al servir el té).

No he conseguido leer entero ni un solo libro suyo, aunque son breves, ya que en su mayoría son de aforismos, pero dicen de él que es un «nihilista». Y efectivamente, en ese registro no va a decepcionarme.

—Emil, no puedo más —acabo jadeando entre llantos—. Dice que estoy loca, y acabaré enloqueciendo si sigue así. Sus mentiras, sus desapariciones, las chicas que no dejan de llamar a su puerta y hasta esa habitación de hotel en la que me siento atrapada… Ya no tengo a nadie con quien hablar. Me ha alejado de mis amigos, de mi familia…

—V. —me interrumpe muy serio—, G. es un artista, un grandísimo escritor, algún día el mundo se dará cuenta. O quizá no, ¿quién sabe? Usted lo ama y debe aceptar su personalidad. G. nunca cambiará. Es un inmenso honor que la haya elegido. Su papel es acompañarlo en el camino de la creación, y también doblegarse a sus caprichos. Sé que él la adora. Pero a menudo las mujeres no entienden lo que necesita un artista. ¿Sabe que la esposa de Tolstói se pasaba el día mecanografiando lo que su marido escribía a mano y corrigiendo incansablemente el más mínimo error con absoluta abnegación? El amor que la mujer de un artista debe dar a su amado tiene que ser sacrificado y oblativo.

—Pero, Emil, me miente todo el tiempo.

—¡La mentira es literatura, querida amiga! ¿No lo sabía?

No puedo creer lo que estoy oyendo. Es él, el filósofo, el sabio, quien pronuncia estas palabras. Él, la autoridad suprema, ¿le pide a una chica de apenas quince años que ponga toda su vida entre paréntesis, al servicio de un viejo perverso? ¿Que acabe con ella de una vez por todas? Los dedos pequeños y regordetes de la mujer de Cioran en el mango de la tetera me absorben totalmente y frenan el torrente de insultos que me queman en los labios. Muy emperifollada, con el pelo azulado a juego con su bonita blusa, asiente en silencio a cada palabra de su marido. En sus tiempos fue una actriz conocida. Luego dejó el cine. No es necesario preguntarse en qué momento. La única frase sensata, más esclarecedora de lo que habría pensado en ese momento, que Emil se dignó dedicarme fue que, efectivamente, G. nunca cambiaría.

A veces, por las tardes, después de clase, cuido a un niño pequeño, el hijo de una vecina de mi madre. Le pongo a hacer los deberes, lo baño, le preparo la cena, juego un rato con él y lo acuesto. Cuando su madre sale a cenar, un chico toma el relevo.

Youri tiene veintidós años, estudia derecho, toda el saxofón y el resto del tiempo trabaja para pagarse los estudios. Casualidad o no, también es de origen ruso por parte paterna. Solo nos cruzamos. Nos saludamos y hablamos poco, al menos al principio. Pero a medida que pasan las semanas, tardo cada vez más en marcharme. Nos hacemos cada vez más amigos.

Una tarde nos quedamos los dos apoyados en la ventana, viendo el anochecer. Youri me pregunta si tengo novio, empiezo a contarle cosas sobre mí y acabo explicándole tímidamente la situación en la que me encuentro. De nuevo hablo de mí como de una prisionera. A los quince años estoy perdida en un laberinto, soy incapaz de encontrar mi camino en una vida cotidiana que solo gira alrededor de interminables peleas y de reencuentros en la cama, los únicos momentos en los que aún puedo sentirme querida. La locura me acecha cuando, en los escasos ratos que aún paso en clase, me comparo con mis compañeros, que volverán tranquilamente a casa a escuchar sus discos de Daho o de Depeche Mode comiéndose un tazón de cereales, mientras que a esa misma hora yo seguiré satisfaciendo el deseo sexual de un hombre más mayor que mi padre, porque el miedo al abandono es más fuerte que la razón y me he empeñado en creer que esta anormalidad me convertía en una persona interesante.

Miro a Youri. La rabia le ha enrojecido el rostro, y una violencia de la que no le habría creído capaz deforma sus rasgos. Pero con una dulzura inesperada me coge de la mano y me acaricia la mejilla. «¿Te das cuenta de hasta qué punto ese tío se aprovecha de ti y te hace daño? ¡La culpa no es tuya, es suya! Y tú no estás loca ni eres una prisionera. Basta con que recuperes la confianza en ti misma y lo dejes.»

G. se percata de que estoy escapando de él. Sentir que ya no me controla le resulta insoportable, es evidente. Aunque no le he contado nada de mis conversaciones con Youri. Por primera vez, G. me ha propuesto que vaya con él a Filipinas. Quiere demostrarme que el país no tiene nada que ver con la guarida del diablo que describe en sus libros. Sobre todo quiere que nos vayamos lejos, él y yo, al otro extremo del mundo, *anywhere out of the world*. Para reencontrarnos y volver a querernos como el primer día. Me quedo paralizada. Aceptarlo me aterroriza, pero me apetece muchísimo, quizá con la absurda esperanza de ver disiparse mi pesadilla, de descubrir que todas las descripciones vomitivas de algunos de sus libros solo son fantasmagorías, provocaciones y chulerías. Que en Manila no existe el comercio de niños. Que nunca ha existido. En el fondo sé que no es verdad, que ir con él sería una locura. ¿Me pedirá que comparta nuestra cama con un niño de once años? De todas formas, mi madre, a la que se atrevió a hacerle esta insensata solicitud, tuvo la lucidez de negarse rotundamente. Soy menor de edad y no saldré del país sin su permiso. Su sentencia me quita un gran peso de encima.

Desde hace un tiempo, G. no deja de insistir en la diferencia entre ficción y realidad, entre sus escritos y la vida real, que al parecer yo no entiendo. Intenta borrar las pistas, confundir a ese sexto sentido que me permite cada vez con mayor frecuencia detectar sus mentiras. Poco a poco he descubierto su enorme talento manipulador, la montaña de invenciones que es capaz de alzar entre él y yo. Es un estratega excepcional, un calculador en todo momento. Dedica toda su inteligencia a satisfacer sus deseos y a trasladarlos a sus libros. Solo estas dos motivaciones guían realmente sus actos. Gozar y escribir.

En mi mente ha empezado a germinar una idea malvada. Una idea tanto más insoportable cuanto que es perfectamente creíble, incluso de una lógica aplastante. Desde el mismo instante en que surge, no puedo quitármela de la cabeza.

G. es la única persona de nuestro entorno de la que nunca he sospechado que hubiera podido escribir la serie de cartas anónimas. Su frecuencia y su indiscreción confirieron al inicio de nuestra historia de amor un carácter peligroso y novelesco. Solos contra todos, unidos contra el odio de los biempensantes, tuvimos que desafiar las sospechas de la policía y escapar de su mirada inquisidora, pero también sospechar de todo mi entorno, que se convirtió en un único enemigo, un monstruo de mil pares de ojos envidiosos dirigidos contra nosotros. ¿A quién beneficiaron más esas cartas que a G.? Tras habernos unido más que de lo que el odio une a dos familias sicilianas, tras haberme alejado de toda persona que fuera mínimamente crítica con él, G. podría incluso reciclarlas en su siguiente novela y después publicarlas íntegramente en su diario (cosa que no dejaría de hacer, por cierto). Sí, el juego era peligroso. Se arriesgaba a acabar en la cárcel. Pero merecía la pena. ¡Qué giro de los acontecimientos, qué teatralidad, qué material para una obra literaria! En caso de que lo detuvieran, podía contar con mi energía para gritar mi amor, reclamar con todas mis fuerzas el matrimonio en un país más tolerante, exigir mi emancipación y llamar la atención de funcionarios y celebridades para que defendieran nuestra causa... ¡Qué momento glorioso! Pero los policías sospecharon menos de lo previsto, los biempensantes volvieron a centrarse en su vida y dejaron de preocuparse por la «pequeña V.», y a nuestro alrededor los escasos ataques de indignación se desvanecieron progresivamente. Pensándolo bien, ahora me parece evidente, aunque quizá me equivoco, que, en el período concreto en que la policía dejó por fin de perseguirlo, empezaron a insinuarse en él el aburrimiento y cierto desinterés por nuestra historia, al principio imperceptibles.

Una vez, solo una, me aventuro a hacerle una pregunta que hasta entonces nunca se me había pasado por la cabeza. La pregunta insólita surge a pesar de mi corta edad, o quizá precisamente debido a mi juventud. Ahora que da vueltas dentro de mí, me aferro a ella como a un salvavidas porque me procura la esperanza de reconocerme un poco en G. Aunque la pregunta sea delicada, debo hacérsela sin bajar la mirada, sin temblar ni amedrentarme.

Estamos en un momento de intimidad y de calma, tumbados uno al lado del otro en la habitación de nuestro hotel de condenados. Un momento sin discusiones, sin quejas, sin lágrimas y sin portazos. Algo triste se instala entre nosotros. La certeza de que se acerca el final, y el agotamiento de destrozarnos constantemente. Mientras G. me pasa la mano por el pelo, me decido.

¿Hubo en su infancia o su adolescencia un adulto que desempeñara también para él ese papel de «iniciador»? Evito deliberadamente usar palabras como «violación», «abuso» o «agresión» sexuales.

Para mi sorpresa, G. me confiesa que sí, que hubo alguien, una vez, cuando tenía trece años, un hombre, amigo de su familia. No lo cuenta con cariño. No detecto la menor emoción. Y creo no equivocarme si digo que tampoco hay rastro de este recuerdo en sus libros. Aunque es un elemento autobiográfico especialmente esclarecedor. Como entendí por mi propia cuenta, el objetivo del proceso literario de G. siempre había sido deformar la realidad de la forma más halagadora consigo mismo. Nunca mostrar la más mínima parcela de verdad sobre sí mismo. O con demasiada complacencia para aspirar a ser realmente honesta. Este ínfimo momento de sinceridad, estas palabras inesperadas que circulan entre nosotros son un regalo que me hace sin saberlo. Vuelvo a ser una persona completa, ya no soy solo el objeto de su placer, soy la que conoce una parcela secreta de su historia, quizá la que puede escucharlo sin juzgarlo.

La que puede entenderlo mejor que nadie.

La presencia benévola y las atenciones de Youri, unos pocos amigos fieles de quienes sin embargo llevaba más de dos años alejada y a los que vuelvo a ver poco a poco, y las ganas de ir a bailar y de reírme con gente de mi edad empiezan a ser más importantes que la influencia de G. Los lazos se aflojan, y la jungla del reino maléfico da paso a otro mundo en el que, contra todo pronóstico, el sol brilla y está esperándome para que empiece la fiesta. G. ha pasado fuera un mes. Debe avanzar en la escritura de su nuevo libro. En Manila no tendrá distracciones, me juró como un hipócrita. Youri me presiona todos los días para que deje a G., pero no he podido enfrentarme a ello antes de que se marchara. ¿De qué tengo miedo? Aprovecho su ausencia para escribirle. Nuestra historia acabará como empezó: por carta. En el fondo siento que está esperando esta ruptura. Incluso que la desea. Es un estratega sin igual, ya lo he dicho.

Pero sucede todo lo contrario. Me escribe que al volver de Filipinas mi carta lo deja devastado. No lo entiendo. Aún lo quiero, y cada una de mis palabras delata mis sentimientos. ¿Cómo puedo borrar de un plumazo nuestra historia, la más hermosa y la más pura del mundo? Me acosa a llamadas de teléfono y cartas, y vuelve a buscarme por la calle. Mi decisión de romper lo subleva. Solo me quiere a mí. No existe ninguna otra chica. En cuanto a Filipinas, jura haber sido de una castidad irreprochable. Pero ya no se trata de eso. Me importan una mierda él y sus locuras. Lo que busco es mi redención, no la suya.

Cuando le digo a mi madre que he dejado a G., al principio se queda sin palabras, y luego me contesta con expresión triste: «Pobrecillo. ¿Estás segura? ¡Te adora!».

5

La huella

Es curioso que un primer amor, al abrirnos,
por la fragilidad que deja en nuestro corazón,
el camino para los amores siguientes, no nos dé
al menos, siendo idénticos los síntomas y los
sufrimientos, el medio de curarlos.

MARCEL PROUST, *La prisionera*

Cansado de luchar, G. ha dejado de perseguirme con sus cartas y sus llamadas a casa de mi madre, a la que hasta ahora ha estado suplicando a todas horas del día y de la noche que me impidiera romper el contacto con él.

Youri ha ocupado un lugar en mi vida. Me ha dado el valor para romper y resistir los desmesurados intentos de G. para que reconsiderara mi decisión. Tengo dieciséis años y me he ido a vivir con Youri, que aún comparte un pequeño piso con su madre. La mía no se ha negado. Nuestras relaciones no pasan por un buen momento. Le reprocho constantemente que no me haya protegido lo suficiente. Ella me contesta que mi resentimiento es injusto, que se limitó a respetar mis deseos y a dejarme vivir mi vida como yo quería.

—¿Eras tú la que se acostaba con él y debería disculparme yo? —me dice un día.

—Y el hecho de apenas ir a clase, de que varias veces hayan estado a punto de expulsarme del instituto, es un síntoma, ¿no? Podrías haberte dado cuenta de que no todo iba bien en el mejor de los mundos.

Pero es imposible dialogar. Lógicamente, si aceptó mi relación con G. fue porque me consideraba ya una adulta. Por tanto, solo yo debo asumir mis decisiones.

En adelante solamente deseo una cosa: volver a tener una vida normal, una vida de adolescente de mi edad, sobre todo no hacer ruido y ser como todo el mundo. Ahora las cosas deberían ser más sencillas. Voy al instituto. Volveré a clase, no haré caso de las miradas de reojo de algunos alumnos y me importarán una mierda los rumores que empiezan a correr entre los profes. «Oye, ¿has visto a la chica que acaba de llegar?, parece que G. M. venía a buscarla todos los días a la salida del clase, me lo han dicho unos amigos de Prévert... Imagínate, y sus padres se lo permitían.» Un día, mientras estoy tomándome un café en la barra del bar al que van los alumnos entre clase y clase, un profesor se sienta a mi lado. Me cuenta que soy tema de conversación en la sala de profes. «¿Eres la chica que salía con G. M.? He leído todos sus libros. Soy admirador suyo.»

Me encantaría contestarle: «Ah, ¿sí? Pues entonces eres un cerdo». Pero, bueno, ahora tengo que quedar bien. Le sonrío educadamente, pago y me marcho intentando olvidar su mirada lujuriosa en mis pechos.

No es fácil recuperar la virginidad.

Otro día, un tío me para en un callejón, cerca del instituto. Sabe cómo me llamo. Me cuenta que hace unos meses me vio varias veces por el barrio con G. Vierte sobre mí un volquete de obscenidades y fantasea sobre todo lo que ahora debo de saber hacer en la cama gracias a G. ¡Una auténtica heroína de Sade!

Nada excita más a algunos viejos que la idea de una chica completamente depravada.

Echo a correr y llego a clase llorando.

Youri hace lo que puede por contrarrestar mis ataques de melancolía, que empiezan a resultarle pesados, sobre todo porque le parecen injustificados. «Pero mírate, eres joven, tienes toda la vida por delante. ¡Sonríe!» Pero ya solo soy una bola de rabia que se agota fingiendo que todo va bien, dando el pego. Intento ocultar esa rabia dirigiéndola contra mí misma. La culpa es mía. La perdida, la puta, la tía fácil, la cómplice de un pedófilo, que apoya con sus cartas de chica enamorada los chárters a Manila que llevan a bordo a cerdos que se la cascan con fotos de *boy scouts*. Y cuando no puedo seguir ocultando toda esta angustia, caigo en la depresión y solo deseo una cosa: desaparecer de la faz de la tierra.

Quizá únicamente Youri pueda verlo. Me quiere con el entusiasmo de sus veintidós años, pero lo que sobre todo quiere es hacer el amor. ¿Cómo reprochárselo?

En esa época, en cuestiones de sexo oscilo entre la omnipotencia y la abulia. De vez en cuando me invade una sensación de embriaguez, de poder. Qué fácil es hacer feliz a un hombre. Y de repente, en el momento de gozar, me echo a llorar sin razón aparente. Cuando Youri se preocupa por mis sollozos, solo se me ocurre decirle que soy muy feliz. Durante días enteros no soporto que me toque. Y luego el ciclo infernal empieza de nuevo, recuerdo mi misión en este mundo: dar placer a los hombres. Es mi condición, mi estatus. Así que vuelvo a ofrecer mis servicios, con ahínco y con una falsa convicción que de vez en cuando yo misma me creo. Finjo. Finjo que me gusta hacer el amor, finjo que gozo y que sé qué sentido tienen todos esos gestos. En el fondo, me da vergüenza hacerlos con tanta naturalidad cuando otros solo están en sus primeros polvos. Siento que me he saltado una etapa. He ido demasiado deprisa, demasiado pronto y no con la persona adecuada. Habría preferido vivir por primera vez todos estos momentos de intimidad con Youri. Que hubiera sido él mi iniciador, mi primer amante, mi primer amor. No me atrevo a confesarlo. Aún no confío lo suficiente en mí misma, ni en él.

Y sobre todo no puedo decirle que cada vez que hago el amor con él no consigo quitarme de la cabeza la imagen de G.

Menos mal que G. me había prometido que guardaría el recuerdo más maravilloso…

Durante años, por atentos que sean los chicos con los que intente tener relaciones sexuales tranquilas, no conseguiré volver al momento en que Julien y yo lo dejamos, recuperar ese instante de descubrimiento inocente y de placer compartido, de igual a igual.

Más adelante, con algo más de madurez y de coraje, optaré por una estrategia diferente: decir toda la verdad, confesar que me siento como una muñeca sin deseo que no sabe cómo funciona su propio cuerpo, que solo ha aprendido una cosa: a ser un instrumento para juegos que le son extraños.

Cada vez la confesión se saldará con la ruptura. A nadie le gustan los juguetes rotos.

En 1974, es decir, doce años antes de que nos conociéramos, G. publica un ensayo titulado *Les Moins de seize ans*, una especie de manifiesto en favor de la liberación sexual de los menores que provoca un escándalo y a la vez lo hace famoso. Con este panfleto enormemente corrosivo, G. añade a su obra una dimensión provocadora que acrecienta el interés por su trabajo. Aunque sus amigos lo consideran un suicidio social, en realidad será el texto que lanzará su carrera literaria al darlo a conocer al gran público.

Como no lo leí, solo entendí su importancia muchos años después de haberme separado de él.

En este libro, G. defiende básicamente la tesis de que la iniciación sexual de los jóvenes por parte de una persona mayor que ellos es un bien que la sociedad debería incentivar. Esta práctica, por lo demás muy extendida en la Antigüedad, garantizaría la libertad de elección y de deseo de los adolescentes.

«Los muy jóvenes son tentadores. También se sienten tentados. Jamás he arrancado el menor beso, la menor caricia, mediante engaños ni por la fuerza», escribe G. Pero olvida todas las veces en que esos besos y esas caricias fueron comprados, en países poco quisquillosos con la prostitución de menores. De creer lo que describe en sus cuadernos negros, podríamos llegar a pensar que los niños filipinos se le echan encima por pura glotonería. Como si él fuera un gran helado de fresa. (A diferencia de los pequeños burgueses occidentales, en Manila los niños sí que están liberados.)

Les Moins de seize ans defiende la total liberalización de las costumbres y la apertura de las mentes, lo que permitiría por fin que un adulto gozara no «del» adolescente, sino «con» él. Bonito proyecto. ¿O un sofisma de la peor clase? Bien mirado, lo que defiende tanto en esta obra como en la petición que publicará tres años después no son los intereses de los adolescentes, sino los de los adultos «injustamente» condenados por haber mantenido relaciones sexuales con ellos.

El papel de benefactor que a G. le gusta atribuirse en sus libros consiste en la iniciación de los jóvenes al placer del sexo por parte de un profesional, de un especialista emérito; en definitiva, digámoslo claramente, de un «experto». En realidad, su excepcional talento se limita a no hacer daño a su pareja. Y todo el mundo sabe que cuando no hay dolor, sufrimiento, ni coacción, no hay violación. La única dificultad del procedimiento consiste en respetar esta regla de oro y no quebrantarla jamás. La violencia física deja un recuerdo contra el cual sublevarse. Es atroz, pero sólida.

Sin embargo, el abuso sexual se presenta de manera insidiosa e indirecta, sin que seamos del todo conscientes. Nunca hablamos de «abuso sexual» entre adultos. De abuso de «debilidad» sí, con una persona mayor, por ejemplo, una persona considerada vulnerable. La vulnerabilidad es precisamente ese ínfimo resquicio por el que perfiles psicológicos como el de G. pueden introducirse. Es el elemento que convierte el concepto de consentimiento en tangencial. En los casos de abuso sexual o de abuso de debilidad encontramos muy a menudo la misma negación de la realidad, la negativa a considerarse víctima. Y, efectivamente, ¿cómo admitir que han abusado de nosotros cuando no podemos negar que lo hemos consentido? ¿Cuando, como en este caso, hemos deseado a ese adulto, que no tardó en sacar provecho? Durante años también yo lucharé contra la idea de ser una víctima y seré incapaz de reconocerme en ella.

G. tiene razón cuando dice que la pubertad y la adolescencia son momentos de sensualidad explosiva. El sexo está en todas partes, el deseo se desborda, te invade, se impone como una oleada, debe satisfacerse de inmediato y solo espera conocer a alguien con quien compartirlo. Pero algunas brechas son insalvables. Pese a toda la buena voluntad del mundo, un adulto sigue siendo un adulto. Y su deseo, una trampa en la que no puede evitar encerrar al adolescente. ¿Cómo podrían estar ambos en el mismo nivel de conocimiento de su cuerpo y de sus deseos? Además, un adolescente vulnerable siempre buscará el amor antes que la satisfacción sexual. Y a cambio de los gestos de cariño (o de la cantidad de dinero que necesita su familia) a los que aspira, aceptará convertirse en objeto de placer y renunciará durante mucho tiempo a ser sujeto, actor y dueño de su sexualidad.

Lo que caracteriza a los depredadores sexuales en general, y a los delincuentes pedófilos en particular, es que niegan la gravedad de sus actos. Suelen presentarse como víctimas (seducidas por un niño o una mujer provocadora) o como benefactores (que solo han hecho el bien a su víctima).

Sin embargo, en *Lolita*, la novela de Nabokov, que leí una y otra vez después de conocer a G., asistimos a dos confesiones confusas. Humbert Humbert escribe su confesión en el hospital psiquiátrico donde no tardará en morir, poco antes de que lo juzguen. Y dista mucho de ser amable consigo mismo.

Qué suerte que Lolita reciba al menos esta reparación, el reconocimiento inequívoco de la culpabilidad de su padrastro por parte de quien le ha robado la juventud. Lástima que esté ya muerta cuando tiene lugar esta confesión.

En estos tiempos de supuesto «regreso al puritanismo» a menudo oigo decir que hoy en día una obra como la de Nabokov se enfrentaría necesariamente a la censura. Sin embargo, creo que *Lolita* es cualquier cosa menos una apología de la pedofilia. Todo lo contrario: es la condena más dura y eficaz que he leído sobre el tema. Por lo demás, siempre he dudado de que Nabokov pudiera ser pedófilo. Es evidente que ese interés insistente por un tema tan subversivo —que abordó dos veces, la primera en su lengua materna, con el título de *El encantador*, y muchos años después en inglés, con esta *Lolita* icónica de éxito mundial— puede despertar sospechas. Es posible que Nabokov luchara contra ciertas inclinaciones. No lo sé. Pero, pese a la perversidad inconsciente de Lolita, pese a sus juegos de seducción y sus carantoñas de estrella de cine, Nabokov nunca pretende convertir a Humbert Humbert en un benefactor, y menos aún en un buen tipo. Por el contrario, su relato de la pasión de su personaje por las ninfas, pasión irrefrenable y enfermiza que lo tortura durante toda su vida, es de una lucidez implacable.

En las obras de G. estamos lejos de cualquier contrición, incluso de cualquier cuestionamiento. No hay rastro de arrepentimiento, ni remordimientos. Según él, prácticamente habría nacido para ofrecer a los adolescentes la plenitud que una cultura mezquina les niega, para abrirles a sí mismos, dejar al descubierto su sensualidad y desarrollar su capacidad de dar y de darse.

Tanta abnegación merecería una estatua en los jardines del Luxemburgo.

Con G. descubro por mí misma que los libros pueden ser una trampa en la que encerramos a aquellos a quienes decimos amar y convertirse en la herramienta más contundente de la traición. Como si su paso por mi vida no me hubiera devastado lo suficiente, ahora tiene que documentar, falsificar, registrar y dejar sus fechorías grabadas para siempre.

La reacción de pánico de los pueblos primitivos cuando capturan su imagen puede provocar sonrisas. Pero yo entiendo mejor que nadie esa sensación de estar atrapado en una representación engañosa, en una versión simplista de uno mismo, en un cliché grotesco y gesticulante. Apoderarse con tanta brutalidad de la imagen de otro es robarle el alma.

Entre mis dieciséis y mis veinticinco años aparecen sucesivamente en las librerías, a un ritmo que no me da un respiro, novelas de G. en las que se supone que soy la protagonista; después el volumen de su diario que abarca el período en que nos conocimos y que incluye algunas de las cartas que escribí cuando tenía catorce años; dos años después, la edición de bolsillo de ese mismo libro y una antología de cartas de ruptura, entre ellas la mía, sin contar los artículos periodísticos y las entrevistas televisadas en las que me nombra. Más tarde aparecerá también otro tomo de sus cuadernos negros, en el que retoma de forma obsesiva el tema de nuestra separación.

Cada una de estas publicaciones, sea cual sea el contexto en el que las descubro (siempre hay una persona bienintencionada que me informa de ellas), roza el acoso. Para el resto del mundo es un aleteo de mariposa en un lago tranquilo, pero para mí es un terremoto, sacudidas invisibles que derriban todos los cimientos, un cuchillo clavado en una herida que nunca ha cicatrizado y cien pasos atrás en los avances que creo haber hecho en la vida.

Leer el volumen de su diario dedicado en buena medida a nuestra ruptura me provoca un ataque de ansiedad tremendo. Ahora G. instrumentaliza nuestra relación sacándola a la luz a través del prisma que más le favorece. Su procedimiento de lavado de cerebro es maquiavélico. En el diario, transforma nuestra historia en una ficción perfecta. La del libertino reconvertido en santo, la del perverso curado, la del infiel que se ha enmendado, ficción escrita pero jamás vivida, publicada con el pertinente desfase, es decir, el tiempo en que la vida se ha disuelto en la novela. Yo soy la traidora, la que destrozó aquel amor ideal, la que lo estropeó todo negándose a acompañarlo en esa metamorfosis. La que no quiso creer en aquella ficción.

Me quedo paralizada ante su negativa a ver que ese amor llevaba en sí el fracaso desde el primer minuto, que no había futuro posible, ya que G. solo amaba en mí un momento fugaz y transitorio, mi adolescencia.

Leo esas páginas de un tirón, aturdida, en un trance mezclado con impotencia y rabia, horrorizada por tantas mentiras y mala fe, por su tendencia a victimizarse y a eximirse de toda culpa. Termino los últimos capítulos conteniendo la respiración, como si fuerzas invisibles me presionaran el plexo y la garganta a la vez. Toda mi energía vital ha abandonado mi cuerpo, absorbida por la tinta de ese libro abyecto. Solo una inyección de Valium acaba con el ataque de ansiedad.

Lo que también descubro es que, a pesar de negarme con rotundidad a retomar el contacto con él, G. se mantiene insidiosamente informado de mi suerte. No sé por quién. En algunas páginas de su diario incluso insinúa que desde nuestra ruptura estoy bajo la influencia de un drogadicto que no tardará en sumirme en el deterioro más siniestro, como predijo cuando lo dejé. Aunque él, mi protector, hizo todo lo posible por mantenerme alejada de los peligros inherentes a mi corta edad.

Así justifica G. su papel en la vida de las adolescentes a las que consigue seducir. Les impide convertirse en unas perdidas, en desechos de la sociedad. ¡Tantas pobres chicas perdidas a las que intentó salvar la vida, en vano!

En esa época nadie me dice que puedo denunciarlo, atacar a su editor, que él no tiene derecho a publicar mis cartas sin mi consentimiento, ni difundir la vida sexual de una menor en el momento de los hechos, reconocible, además de por su nombre y la inicial de su apellido, por otros mil pequeños detalles. Por primera vez empiezo a sentirme víctima, aunque no consigo aplicar esta palabra a un confuso estado de impotencia. También tengo la vaga sensación no solo de haber saciado sus pulsiones sexuales durante toda nuestra relación, sino además de servirle ahora de comparsa al permitirle, a mi pesar, que siga difundiendo su propaganda literaria.

Después de leer este libro, tengo la honda sensación de haber destruido mi vida antes de haberla vivido. Mi historia está tachada, concienzudamente borrada y luego revisada, reescrita de arriba abajo e impresa en miles de ejemplares. ¿Qué relación puede haber entre ese personaje de papel creado desde cero y lo que soy en realidad? Haberme convertido en personaje de ficción cuando mi vida de adulta aún no ha adquirido forma supone impedirme desplegar las alas y condenarme a quedarme congelada en una cárcel de palabras. G. seguro que lo sabe. Pero supongo que le importa un bledo.

Me ha inmortalizado. ¿De qué voy a quejarme?

Los escritores son personas a las que no siempre beneficia ser conocidas. Sería un error creer que son como todo el mundo. Son mucho peores.

Son vampiros.

Para mí se ha terminado toda veleidad literaria.

Dejo de escribir mi diario.

Me alejo de los libros.

No pienso escribir nunca más.

Como era previsible, todos mis esfuerzos por recuperarme fracasan. Los ataques de ansiedad regresan al galope. Vuelvo a saltarme las clases la mitad de los días. Tras dos consejos disciplinarios por faltas de asistencia, la directora de mi instituto, una mujer que hasta ahora se ha mostrado sorprendentemente amable, me llama a su despacho.

—Lo siento, V., pero, por más que quiera, no podré seguir apoyándote. Los profes te han cogido manía. Desafías su autoridad con tus constantes ausencias, les niegas su función. —No se equivocan, lo que pienso de los adultos es mucho peor de lo que imaginan—. Además, das mal ejemplo. Algunos alumnos empiezan a imitarte. Esta situación debe terminar.

Para evitar expulsarme del instituto, lo que quedaría registrado en mi expediente y causaría mal efecto, me propone que «abandone» por iniciativa propia debido a «razones personales» y que curse el bachillerato por libre. Al fin y al cabo, la escolarización solo es obligatoria hasta los dieciséis años.

—Lo conseguirás, V. No me preocupa lo más mínimo.

No tengo elección, así que acepto. Estoy acostumbrada a vivir al margen de lo habitual, sin marco ni estructura. Y ahora, sin las limitaciones de los horarios del instituto. No pasa nada. Haré mi último año de instituto en la cafetería, leyendo los cursos del Centro Nacional de Educación a Distancia que he recibido por correo.

Paso las tardes bailando y haciendo el tonto. De vez en cuando me junto con malas compañías, pero no guardo ningún recuerdo de ellas. Dejo a Youri, porque no soporto que tenga que sufrir mi malestar, y conozco a otro chico, inteligente y cariñoso, aunque tremendamente golpeado por la vida, un chico que, como yo, sufre en silencio y que para disipar el tedio solo ha encontrado los paraísos artificiales. Hago lo mismo que él. Sí, voy por el mal camino, G. tiene razón. Me ha convertido en prácticamente una alienada. Intento meterme en el personaje.

Sucedió sin previo aviso, casi de la noche a la mañana. Caminaba por una calle desierta con una inquietante pregunta dándome vueltas en la cabeza, una pregunta que se me había ocurrido unos días antes y que no conseguía desterrar: ¿qué prueba tangible tenía de mi existencia? ¿Era yo real? Para asegurarme, empecé por dejar de comer. ¿Para qué alimentarme? Mi cuerpo era de papel, por mis venas solo fluía tinta, y no tenía órganos. Era una fábula. Tras varios días de ayuno experimenté los primeros efectos de la euforia que sustituye al hambre. Y una ligereza que no había sentido jamás. Ya no andaba, me deslizaba por el suelo, y si hubiera extendido los brazos, seguro que habría echado a volar. No sentía ninguna carencia, ni el más mínimo retortijón en el estómago, ni la más mínima llamada de los sentidos ante una manzana o un trozo de queso. Ya no formaba parte del mundo material.

Y dado que mi cuerpo resistía la falta de alimentos, ¿por qué iba a necesitar dormir? Mantenía los ojos abiertos desde el atardecer hasta el alba. Ya nada interrumpía la continuidad entre el día y la noche. Hasta la tarde en la que fui a comprobar en el espejo del baño que mi reflejo seguía ahí. Curiosamente sí, seguía ahí, pero lo nuevo y fascinante fue que ahora veía a través de él.

Estaba volatilizándome, evaporándome, desapareciendo. Una sensación atroz, como si me arrancaran del reino de los vivos, pero a cámara lenta. El alma se me escapaba por los poros de la piel. Deambulé por las calles toda la noche, en busca de una señal. De una prueba de que estaba viva. A mi alrededor, la ciudad, brumosa y mágica, se convertía en un decorado de cine. Si alzaba los ojos, las rejas del parque público que tenía delante parecían moverse solas, giraban como una linterna mágica, al ritmo de tres o cuatro imágenes por segundo, como un parpadeo lento y regular. Algo en mí seguía rebelándose. Quería gritar: «¿Hay alguien ahí?».

Entonces aparecieron dos personas en la entrada de un edificio. Llevaban pesadas coronas de flores en los brazos. Movían los labios, yo oía el sonido de su voz dirigiéndose a mí, pero sus palabras me resultaban ininteligibles. Unos segundos antes, creía que ver a seres vivos me ayudaría a aferrarme a lo real, pero aquello era aún peor que el paisaje inmóvil de la ciudad dormida. Por un instante, tan fugaz que podría haberlo soñado, les dije, como para tranquilizarme:

—Disculpen, ¿tienen hora?

—No hay hora para los blandos —me contestó uno de ellos, con la espalda inclinada por el peso de la corona, cuyos colores luminiscentes irradiaban de su brazo. Aunque ¿no me diría: «No hay hora para los llantos»?

Una tristeza abrumadora cayó sobre mí.

Me miré las manos y eran transparentes, podía ver el esqueleto, los nervios, los tendones, la carne e incluso las células arremolinadas debajo de mi piel. Cualquiera podría ver a través de mi cuerpo. No era más que un montón de fotones. A mi alrededor todo era falso, y yo no era una excepción.

Por la esquina de la calle apareció una furgoneta de la policía. Salieron dos hombres uniformados. Uno de ellos se acercó a mí.

—¿Qué hace aquí? Lleva una hora dando vueltas alrededor de este parque. ¿Se ha perdido?

Como yo lloraba y retrocedía, asustada, el hombre se volvió hacia su compañero, buscó algo en la parte delantera del vehículo y regresó con un bocadillo en la mano.

—¿Tiene hambre? Tome, cómaselo.

No me atrevía a moverme. Entonces abrió las puertas traseras de la furgoneta gritando:

—¡Entre a calentarse!

Aunque su tono era tranquilizador, al señalarme uno de los dos bancos laterales lo que vi fue una silla eléctrica esperándome.

¿Durante cuánto tiempo había perdido la noción de mí misma? ¿Por qué había acumulado tanto sentimiento de culpa, hasta el punto de creer que merecía la «pena de muerte»? No tenía la menor idea. Al menos, eso me pareció cuando a primera hora de la mañana me encontré en aquel hospital siniestro donde un profesor con barba, y evidentemente venerado por los pacientes, que lo escuchaban como al mesías, me interrogaba, con una cámara en el fondo de la sala, sobre la experiencia por la que acababa de pasar y que me había llevado hasta allí, hasta aquel triste albergue de locos ambulantes, delirantes, anoréxicos, suicidas y acabados.

—Señorita, acaba de sufrir un episodio psicótico, con una fase de despersonalización —me dijo el hombre con barba—. No preste atención a la cámara y cuénteme cómo ha llegado hasta aquí.

—Así que todo esto es verdad… ¿No soy… una ficción?

Desde entonces me parece haber vivido tantas vidas diferentes y tan fragmentadas que me cuesta encontrar la más mínima relación entre ellas. Lo que ha quedado atrás está infinitamente lejos. De vez en cuando surge un vago recuerdo de aquella época, pero enseguida se desvanece. No termino de reconstruirme, como dicen. Pero seguramente lo hago mal. La brecha sigue abierta.

Así que me curo como puedo. Años de «cura por la palabra». Primero con un psicoanalista que me salva la vida. No ve ningún problema a que deje la medicación que me han recetado en el hospital. Me ayuda a retomar los estudios, pese a un año «en blanco» después de terminar el bachillerato.

Un milagro: por medio de un amigo, que me defendió ante la directora de mi antiguo instituto, esta aceptó que volviera a clase. Nunca se lo agradeceré lo suficiente, ni al uno ni a la otra. Voy por el buen camino, aunque me siento como una página en blanco. Vacía. Sin consistencia. Y aún marcada a fuego. Para intentar volver a integrarme, vivir una vida normal, me pongo una máscara, me oculto y me encierro.

Dos o tres vidas después sigo teniendo el mismo nombre, el mismo apellido y la misma cara, por supuesto, pero no importa demasiado. Cada dos o tres años rehago mi vida de arriba abajo. Cambio de amante y de amigos, de trabajo, de forma de vestir, de color de pelo, de manera de hablar, incluso cambio de país.

Al sondear mi pasado, de una espesa niebla surgen algunas imágenes temblorosas que nunca terminan de adquirir forma. No quiero dejar rastro ni huellas. No siento ninguna nostalgia por la infancia y la adolescencia. Floto por encima de mí misma, nunca donde debo. No sé quién soy ni qué quiero. Me dejo llevar. Me da la sensación de haber vivido mil años.

Nunca hablo de «mi primera vez». ¿Y tú, a qué edad, con quién? Ay, ay, si tú supieras…

Tengo varios buenos amigos, testigos de mi historia, que muy pocas veces me hablan de ese período de mi vida. El pasado pasado está. Todos tenemos una historia que superar. La suya tampoco es siempre fácil.

Desde entonces he conocido a muchos hombres. Amarlos no fue difícil. Confiar en ellos es otra historia. Como estaba a la defensiva, a menudo les atribuí intenciones que no tenían: utilizarme, manipularme, engañarme y pensar solo en sí mismos.

Cada vez que un hombre intentaba hacerme gozar o, peor aún, gozar él a través de mí, yo tenía que luchar contra el asco que acechaba en la sombra, siempre dispuesto a caer sobre mí, contra la violencia simbólica que otorgaba a gestos que no la tenían.

Necesitaré tiempo para dejarme llevar con un hombre sin recurrir al alcohol o a los psicotrópicos. Para aceptar sin reservas abandonarme a otro cuerpo, con los ojos cerrados. Para encontrar el camino de mi propio deseo.

Necesitaré tiempo, años, para conocer por fin a un hombre en el que confiar plenamente.

6

Escribir

El lenguaje siempre ha sido un coto privado.
Quien posea el lenguaje tendrá el poder.

CHLOÉ DELAUME, *Mes bien chères soeurs*

Realicé todo tipo de actividades antes de que volviera a atraparme el mundo de la edición. El subconsciente es sumamente astuto. No podemos escapar a su determinismo. Tras años alejada de ellos, los libros vuelven a ser mis amigos. Los convierto en mi trabajo. Al fin y al cabo, es lo que mejor conozco.

Seguramente intento arreglar algo a tientas. Pero ¿el qué? ¿Cómo? Dedico mi energía a textos que han escrito otros. Inconscientemente, sigo buscando respuestas, fragmentos dispersos de mi historia. Espero que así se resuelva el enigma. ¿Adónde ha ido la «pequeña V.»? ¿Alguien la ha visto en algún sitio? A veces una voz surge de las profundidades y me murmura: «Los libros son mentiras». Ya no hago caso, como si me hubieran borrado la memoria. De vez en cuando un destello. Un detalle aquí o allá. Pienso que sí, eso es, quizá un trocito de mí entre esas líneas, detrás de esas palabras.

Entonces rebusco. Recojo. Me recupero. Algunos libros son excelentes medicamentos. Lo había olvidado.

Cuando creo que por fin soy libre, G. vuelve a encontrar mi rastro para intentar recuperar el control. Por más que sea adulta, en cuanto pronuncian su nombre delante de mí, me quedo inmóvil y vuelvo a ser la adolescente que era cuando lo conocí. Tendré catorce años toda mi vida. Está escrito.

Un día mi madre me envía una de las cartas que G. sigue mandando a su casa, porque no sabe dónde vivo. Ni mi silencio ni mi negativa a mantener contacto con él lo desaniman. En la carta tiene la desfachatez de pedirme permiso para incluir fotos mías en una biografía que un admirador suyo está a punto de publicar en una editorial belga. Un amigo mío, abogado, le escribe en mi nombre una carta amenazante. De ahora en adelante, si G. sigue utilizando mi nombre o mi imagen, de una manera u otra, en una obra literaria, se verá expuesto a acciones legales. G. no vuelve a intentarlo. Por fin estoy a salvo. Por un tiempo.

Unos meses después descubro que G. tiene un sitio web oficial en el que aparecen, además de la cronología de su vida y su obra, fotos de algunas de sus conquistas, entre ellas dos mías a los catorce años, y como leyenda mi inicial, V., que ahora ya resume mi identidad (hasta el punto de que inconscientemente firmo así todos mis correos electrónicos).

El golpe es insoportable. Llamo a mi amigo abogado, que me recomienda a una colega con más experiencia en temas de derechos de imagen. Pedimos un informe judicial que me cuesta una importante suma de dinero. Pero, tras una larga investigación, mi nueva asesora me dice que desgraciadamente no hay mucho que hacer. El sitio no está registrado a nombre de G., sino al de un webmaster con domicilio en algún lugar de Asia.

—G. se las ha arreglado para que no puedan atribuirle la propiedad del contenido colgado por su testaferro, que queda fuera de la legislación francesa. Jurídicamente, el sitio es de un fan, nada más. Es de un cinismo absoluto, pero no podemos hacer nada.

—¿Cómo podría un desconocido que vive en Asia haber conseguido fotos mías a los catorce años? ¿Fotos que solo tiene G.? ¡Es absurdo!

—Si usted no ha guardado copias de esas fotos, será difícil demostrar que es usted —me contesta lamentándolo sinceramente—. Además, me he informado de que G. ha contratado hace poco a un abogado estrella, un hacha de la propiedad intelectual, el más temido de todos. ¿Merece de verdad la pena meterse en una batalla legal perdida de antemano, que podría costarle la salud y el sueldo de un año?

Me retiro, con el alma hecha pedazos. Una vez más, él gana.

Por ironías del azar, ahora trabajo en la editorial que publicó el texto de G. de los años setenta, el famoso ensayo titulado *Les Moins de seize ans*.

Antes de que el editor me contratara me aseguré de que no hubieran renovado los derechos del libro. Así era, aunque no sé por qué. Me gusta decirme que porque lo reprueban moralmente. Quizá la razón sea mucho más prosaica: la escasez de aficionados a este tipo de publicaciones, o su vergüenza a admitir que lo son.

Por desgracia, G. sigue haciendo estragos en casi todos los editores de París. Y más de treinta años después de que nos conociéramos, no puede dejar de comprobar una y otra vez si su poder funciona conmigo. No sé cómo ha conseguido localizarme, aunque el mundo literario es un pañuelo y los chismes circulan a gran velocidad. No logro saber más. Una mañana llego a mi despacho y encuentro un largo correo electrónico de la directora de la editorial para la que trabajo. Su tono trasluce incomodidad. Desde hace semanas, G. la acosa, literalmente, le manda mensajes suplicándole que haga de intermediaria entre él y yo.

«Lo siento muchísimo, V. Llevo un tiempo intentando frenarlo para no molestarla con esta historia. Pero como no parece calmarse, al final me he decidido a hablar con usted y a trasladarle los correos», me escribe.

En la correspondencia, que leo muerta de vergüenza, G. recuerda nuestra historia, que narra con todo tipo de detalles (por si la directora no estaba al corriente y como si le concerniera). Además de la insoportable violación de mi vida privada, su tono es empalagoso y patético a la vez. Dice estar a punto de morir, y le cuenta, entre otras sandeces, que su mayor deseo es volver a verme. Intenta darle pena. Sufre una grave enfermedad y no podrá dejar este mundo en paz sin haber visto mi querido rostro, bla, bla, bla… A un moribundo no se le niega nada, bla, bla, bla… Por eso le implora que a toda costa me transmita sus mensajes. Como si acceder a sus caprichos fuera de cajón.

Al no tener mi dirección personal, lamenta verse abocado a escribirme a mi lugar de trabajo. ¡Es el colmo! El muy hipócrita dice sorprenderse de que no haya contestado a una carta (en realidad más de una) que me mandó poco antes, y se lo explica por el reciente traslado a otro local.

En realidad, varias veces encontré las cartas de G. sobre mi mesa y las tiré sistemáticamente a la papelera sin leerlas. Para obligarme a abrir una, un día incluso pidió a alguien que escribiera mis datos en el sobre y que así yo que no reconociera su caligrafía. En cualquier caso, el contenido es el mismo desde hace treinta años: mi silencio es un misterio. Sin duda deben consumirme los remordimientos por haber destruido una unión tan noble y por haberle hecho sufrir tanto. Nunca me perdonará que lo dejara. No se disculpa por nada. La culpable soy yo, culpable de haber puesto fin a la más hermosa historia de amor que un hombre y una adolescente hayan vivido jamás. Pero, diga yo lo que diga, soy suya, y seguiré siéndolo toda la eternidad, porque nuestra loca pasión nunca dejará de brillar en la oscuridad gracias a sus libros.

En respuesta a la clara negativa de la directora literaria con la que trabajo a interceder en su favor, una frase de G. me llama la atención: «No, nunca formaré parte del pasado de V., ni ella del mío».

Vuelven a surgir la ira, la rabia y la impotencia.
Nunca me dejará en paz.
Me echo a llorar delante de la pantalla del ordenador.

En 2013 G. regresa por la puerta grande a la escena literaria, que llevaba dos décadas sin hacerle demasiado caso. Le conceden el prestigioso premio Renaudot por su último ensayo. Personas a quienes aprecio no dudan en elogiar públicamente, en platós de televisión, el incuestionable talento de esa gran figura literaria. De acuerdo. La cuestión no es esa, es cierto. Mi experiencia personal me impide valorar objetivamente su obra, que solo me inspira asco. Sin embargo, respecto del alcance de su obra, me gustaría que se prestara más atención a las reservas que han empezado a expresarse en los últimos veinte años tanto sobre su conducta como sobre las ideas que defiende en algunos de sus libros.

En el momento de la entrega del premio estalla una polémica, desgraciadamente de muy corto alcance. Unos cuantos periodistas (en general jóvenes, de generaciones posteriores a la suya, incluso a la mía) protestan contra esa distinción honorífica. En cuanto a G., en el discurso que pronuncia durante la ceremonia, afirma que el premio galardona no uno de sus libros, sino el conjunto de su obra, lo cual no es cierto.

«Juzgar un libro, un cuadro, una escultura o una película no por su belleza y su fuerza expresiva, sino por su moralidad o su presunta inmoralidad es en sí mismo una solemne tontería, pero tener además la idea enfermiza de escribir o de firmar una petición indignada por la buena acogida que ha tenido esa obra entre las personas con buen gusto, una petición cuyo único objetivo es perjudicar al escritor, al pintor, al escultor o al cineasta, es una pura marranada», se defiende en la prensa.

¿«Una pura marranada»?

¿Y qué es follarse «culos frescos» en el extranjero, gracias a los derechos de autor que ha acumulado describiendo sus revolcones con colegialas, y colgar después sus fotos en internet sin su consentimiento y protegido por el anonimato?

Ahora, cuando yo misma me he convertido en editora, me cuesta mucho entender que prestigiosos profesionales del mundo literario publicaran los volúmenes del diario de G., con los nombres, los lugares, las fechas y todos los detalles que permiten, al menos para su entorno más cercano, identificar a sus víctimas, sin tomar una mínima distancia respecto del contenido. Sobre todo cuando se indica explícitamente en la cubierta que el texto es el diario del autor, no una ficción detrás de la cual podría ocultarse hábilmente.

Durante mucho tiempo he pensado en esa brecha incomprensible en un marco legal que sin embargo está muy delimitado, y solo se me ocurre una explicación. Si las relaciones sexuales entre un adulto y un menor de quince años son ilegales, ¿por qué esa tolerancia cuando son obra del representante de una élite, un fotógrafo, un escritor, un cineasta o un pintor? Se supone que el artista pertenece a una casta aparte, que es un ser con virtudes superiores al que concedemos la omnipotencia, sin más contrapartida que producir una obra original y subversiva, una especie de aristócrata con privilegios excepcionales ante el cual nuestro juicio, en un estado de ciega estupefacción, debe hacerse a un lado.

Cualquier otra persona que publicara, por ejemplo en las redes sociales, la descripción de sus relaciones con un adolescente filipino o se jactara de su colección de amantes de catorce años tendría que vérselas con la justicia y se le consideraría de inmediato un delincuente.

Aparte de en los artistas, solo hemos visto semejante impunidad en los curas.

¿La literatura lo disculpa todo?

En dos ocasiones me he cruzado con la chica cuyo nombre había visto en el famoso cuaderno negro de G. Nathalie era una de las conquistas que G. seguía acumulando durante nuestra relación, aunque lo negara.

La primera vez fue en un restaurante al que G. solía ir. Siempre tenía una mesa reservada, y apenas unos meses antes me llevaba a cenar allí. Entré por la noche, tarde, a comprar tabaco. Era poco probable que él estuviera, porque se acostaba muy temprano. Por desgracia, me equivoqué. Lo vi de inmediato, y también a la chica muy joven sentada frente a G. Me desconcertó el brillo y la frescura de aquella cara. Me sentí vieja al instante. Yo aún no tenía los dieciséis. Todavía no hacía un año que había roto con él.

Cinco años después, debo de tener veintiuno, bajo por el bulevar Saint-Michel tras salir de una clase en la Sorbona cuando alguien me llama varias veces por mi nombre desde la acera de enfrente. Me giro y de entrada no reconozco a la chica que me saluda con la mano. Cruza corriendo, casi la atropella un coche, y me refresca la memoria. Se llama Nathalie y me recuerda, un poco incómoda, el breve y doloroso encuentro de una noche entre el humo de un bar parisino en el que G. tuvo la grosería de saludarme con una sonrisa triunfal.

Me pregunta si tengo tiempo para tomar un café. No estoy segura de que me apetezca comentar nada con ella, pero algo me intriga, su cara ha perdido el brillo que en aquel momento tanto me había dolido, hasta el punto de creer que me había robado la juventud. Podría satisfacer mi vanidad y tomarme la revancha. Hay que echarle valor para abordarme así, en plena calle, cuando hace cinco años se convirtió en amante de G. estando yo con él. Y sobre todo me doy cuenta de que parece que no está bien. La angustia le corroe la cara.

Le sonrío y acepto charlar un momento con ella, pese a su aspecto nervioso y un poco inquietante. Nos sentamos y enseguida las palabras empiezan a fluir a raudales. Nathalie me habla de su infancia, de su familia desestructurada y de su padre ausente. ¿Cómo no reconocerme en ello? El mismo escenario. El mismo sufrimiento en sus palabras. Luego me cuenta el daño que le ha hecho G., sus manipulaciones para aislarla de su familia, de sus amigos y de cuanto formaba parte de su vida de adolescente. Me recuerda cómo hacía el amor G., de forma mecánica y repetitiva. Pobre niña. También ella confundió el amor con el sexo. Estoy de acuerdo con ella, todo vuelve a mí, cada detalle, y mientras prosigue, me siento febril, impaciente por contarle yo con precisión hasta qué punto el recuerdo de esa experiencia sigue doliéndome.

Nathalie no deja de hablar, de disculparse, de morderse el labio y de reírse, nerviosa. Si G. presenciara este encuentro, se quedaría horrorizado. Siempre ha procurado evitar el menor contacto entre sus amantes, sin duda por miedo a ver una horda furiosa urdiendo una venganza colectiva contra él.

Las dos tenemos la impresión de estar rompiendo un tabú. En el fondo, ¿qué nos une, qué nos acerca? La imperiosa necesidad de hablar con alguien que pueda entendernos. Y a mí también me alivia descubrirme solidaria de una chica que hace unos años solo habría sido una rival entre tantas otras.

En este novedoso arrebato de sororidad, intentamos tranquilizarnos: ese episodio ha quedado atrás, incluso podemos reírnos de él sin celos, sin sufrimiento y sin desesperación.

—¡Y pensar que se cree un hacha, el mejor amante del mundo! En realidad es patético.

Nos da un ataque de risa. Y de repente la cara de Nathalie vuelve a parecer tranquila y luminosa. Como la que admiré hace cinco años.

Luego hablamos de los niños, de Manila.

—¿Crees que en realidad es homosexual? ¿O pedófilo? —me pregunta Nathalie.

—Más bien efebófilo. —Estudio literatura, y leyendo a no sé qué autor me topé con esta palabra, de la que me siento muy orgullosa—. Lo que le gusta es la edad de la pubertad, en la que quizá él mismo se quedó atrapado. Por sumamente inteligente que sea, su psiquismo es el de un adolescente. Y cuando está con chicas muy jóvenes, también él se siente como un crío de catorce años, y tal vez por eso no es consciente de hacer nada malo.

Nathalie vuelve a reír.

—Sí, tienes razón, prefiero verlo así. A veces me siento muy sucia. Como si hubiera sido yo la que se acostaba con esos chicos de once años en Filipinas.

—No, no eras tú, Nathalie, nosotras no tenemos nada que ver, somos como esos niños, en aquel momento nadie nos protegió, creímos que él nos hacía existir, cuando en realidad nos utilizaba, quizá sin querer, por cierto; su patología se lo exige.

—Al menos nosotras somos libres para acostarnos con quien queramos, no solo con viejos —dice Nathalie tronchándose de risa.

Ahora tenía la prueba de que no era la única que cargaba con el peso de mi relación con G. Y a diferencia de lo que contaba en sus libros, no dejaba solo un recuerdo emocionado a sus jóvenes amantes.

No intercambiamos el número de teléfono ni ninguna otra cosa para volver a vernos algún día. No tenía sentido. Nos abrazamos con fuerza y nos deseamos buena suerte.

¿Qué ha sido de Nathalie? Espero que conociera a un chico de su edad que la amara con su dolor y la liberara de la vergüenza. Espero que haya ganado esa batalla. Pero ¿cuántas siguen hoy avergonzadas, como ella aquel día, con la cara derrotada, devastada, y con tanta necesidad de que la escuchen?

Es increíble. Nunca lo habría creído posible. Tras tantos fracasos sentimentales, tantas dificultades para aceptar el amor sin reticencias, el hombre que me acompaña en la vida ha sabido curar muchas de mis heridas. Ahora tenemos un hijo que está entrando en la adolescencia. Un hijo que me ayuda a crecer. Porque tuve que dejar de tener catorce años eternamente para convertirme en madre. Es muy guapo, con una mirada dulce, siempre un poco perdida. Por suerte me pregunta poco por mi juventud. Está bien así. Durante mucho tiempo, para los hijos solo existimos desde su nacimiento. Quizá también siente, de forma intuitiva, que en mi juventud hay una zona oscura en la que es mejor no aventurarse.

Cuando paso aún por períodos de depresión o por ataques de ansiedad irreprimibles, suelo emprenderla con mi madre. Constantemente intento conseguir una disculpa por su parte, un poco de arrepentimiento. Se lo hago pasar mal. Nunca cede, se aferra a sus posiciones. Cuando trato de que cambie de opinión nombrándole a los adolescentes que nos rodean hoy en día: «Mira, ¿no ves que a los catorce años aún es una cría?», me contesta: «No tiene nada que ver. A esa edad tú eras mucho más madura».

Y el día que le paso este texto, cuando la reacción que más temo es la suya, me escribe: «No cambies nada. Es tu historia».

Ahora G. ya ha superado la avanzada edad de ochenta y tres años. En lo relativo a nuestra relación, los hechos prescribieron hace mucho tiempo, y llegó el momento —bendito sea el paso del tiempo— en que su notoriedad acabó desvaneciéndose y sus libros más transgresores fueron cayendo poco a poco en el olvido.

Pasaron largos años antes de que me decidiera a escribir este texto, y más aún para que aceptara publicarlo. Hasta ahora no estaba lista. Los obstáculos me parecían insalvables. En primer lugar, por el miedo a las consecuencias que la narración detallada de este episodio podría tener en mi círculo familiar y profesional, consecuencias siempre difíciles de evaluar.

También debía superar el temor al pequeño entorno que quizá sigue protegiendo a G. No es desdeñable. Si este libro se publicara alguna vez, podría enfrentarme a violentos ataques de sus admiradores, pero también de antiguos sesentayochistas, que se sentirían acusados porque firmaron la famosa carta abierta que escribió G. Quizá incluso de algunas mujeres que se oponen al discurso «biempensante» sobre la sexualidad. En definitiva, de todos los detractores del retorno del orden moral...

Para darme valor, acabé aferrándome a estos argumentos: si quería calmar de una vez por toda mi rabia y reapropiarme de este capítulo de mi vida, sin duda escribir era el mejor remedio. Varias personas me lo habían sugerido a lo largo de los años. Aunque otras habían intentado disuadirme, por mi bien.

El que al final me convenció fue el hombre al que amo. Porque escribir suponía volver a ser el sujeto de mi propia historia. Una historia que me habían confiscado hacía demasiado tiempo.

Lo cierto es que me sorprende que ninguna mujer, niña en aquel momento, haya escrito antes que yo para intentar subsanar la eterna sucesión de maravillosas iniciaciones sexuales que G. expone en sus textos. Me habría gustado que otra lo hiciera en mi lugar. Quizá habría tenido más talento y habría sido más hábil y más libre. Y seguramente me habría quitado un peso de encima. Este silencio parece corroborar lo que decía G., demostrar que ninguna adolescente ha tenido queja por haberlo conocido.

No creo que sea verdad. Lo que pienso es que resulta sumamente difícil librarse de una influencia como la suya en diez, veinte o treinta años. La ambigüedad de sentirnos cómplices de ese amor, que necesariamente sentimos, de esa atracción que nosotras mismas suscitamos, nos ata las manos más aún que los pocos seguidores que le quedan a G. en el mundo literario.

Al poner la mira en niñas solitarias, vulnerables, con padres desbordados o irresponsables, G. sabía muy bien que nunca amenazarían su reputación. Y quien no dice una palabra consiente.

Pero, que yo sepa, tampoco ninguna de estas innumerables amantes ha querido dar testimonio en un libro de la maravillosa relación que mantuvo con G.

¿Deberíamos considerarlo una señal?

Lo que ha cambiado hoy, y de lo que se quejan fustigando el puritanismo del momento tipos como él y sus defensores, es que, tras la liberación de las costumbres, también está liberándose la voz de las víctimas.

Hace poco quise ir al prestigioso Institut Mémoires de l'Édition Contemporaine. Es una antigua abadía, situada en la llanura de Caen y maravillosamente restaurada, donde con cita previa pueden consultarse, entre otros tesoros, los manuscritos de Marcel Proust y de Marguerite Duras. Antes de ir miré en internet la lista de autores cuyos archivos se guardan allí y me quedé atónita al ver el nombre de G. M. Unos meses antes había donado a esta noble institución todos sus manuscritos, pero también su correspondencia amorosa. Por fin se había asegurado la posteridad. Su obra entraba en la historia.

En ese momento renuncié a ir al IMEC. No me veía sentándome en la gran sala de estudio, en solemne silencio, para descifrar la letra ilegible de uno de mis autores fetiche y pensando que la persona que está sentada a mi lado podría estar consultando las cartas que escribí a los catorce años. Me imaginé solicitando permiso para acceder a esas cartas. Seguramente tendría que inventarme una mentira, que estoy escribiendo una tesis sobre la transgresión en la ficción de la segunda mitad del siglo XX, un trabajo sobre la obra de G. M. ¿Le consultarían antes mi solicitud? ¿Era necesaria su conformidad? Qué ironía tener que recurrir a una estratagema así para poder releer mis propias cartas.

Entretanto, y aunque los autos de fe siempre me han horrorizado, no me opondría a un gran carnaval de confeti. Con los libros dedicados y las cartas de G. que he recuperado hace poco. Estaban en el fondo de una caja que ha permanecido todos estos años en casa de mi madre. Los extenderé a mi alrededor, con unas bonitas tijeras en la mano, y los cortaré concienzudamente en minúsculos trozos de papel que luego lanzaré al viento un día de tormenta, en alguna parte, en un rincón secreto de los jardines del Luxemburgo.

Será lo que la posteridad nunca tendrá.

Post scriptum

Advertencia al lector

Entre líneas, y en ocasiones de la manera más directa y cruda, algunas páginas de los libros de G. M. constituyen una apología explícita del abuso sexual de menores. La literatura está por encima de todo juicio moral, pero, como editores, debemos recordar que la sexualidad de un adulto con una persona que no ha alcanzado la mayoría de edad sexual es un acto reprobable y castigado por la ley.

Ya está, no es tan difícil. Incluso yo podría haber escrito estas palabras.

Agradecimientos

Gracias a Claire Le Ho-Devianne, primera lectora «objetiva» de este texto, por sus valiosas observaciones y su apoyo.

Gracias a Olivier Nora, que no dudó en publicarlo, por su confianza y su compromiso.

Gracias por último a Juliette Joste por su delicadeza y su apoyo infalible.

Índice